AF093843

www.ingramcontent.com/pod-product-compliance
Lightning Source LLC
LaVergne TN
LVHW010608070526
838199LV00063BA/5114
9789358722147

سسرالی رشتہ دار

(انشائیے)

شوکت تھانوی

© Taemeer Publications LLC

Susraali Rishta-daar *(Humorous Essays)*

by: Shaukat Thanvi

Edition: October '2024

Publisher :

Taemeer Publications LLC (Michigan, USA / Hyderabad, India)

ISBN 978-93-5872-214-7

9 789358 722147

مصنف یا ناشر کی پیشگی اجازت کے بغیر اس کتاب کا کوئی بھی حصہ کسی بھی شکل میں بشمول ویب سائٹ پر اَپ لوڈنگ کے لیے استعمال نہ کیا جائے۔ نیز اس کتاب پر کسی بھی قسم کے تنازع کو نمٹانے کا اختیار صرف حیدرآباد (تلنگانہ) کی عدلیہ کو ہو گا۔

©تعمیر پبلی کیشنز

کتاب	:	**سسرالی رشتہ دار** (انشائیے)
مصنف	:	**شوکت تھانوی**
صنف	:	طنز و مزاح
ناشر	:	تعمیر پبلی کیشنز (حیدرآباد، انڈیا)
سالِ اشاعت	:	۲۰۲۴ء
صفحات	:	۷۴
سرورق ڈیزائن	:	تعمیر ویب ڈیزائن

فہرست

(۱)	وکیل	6
(۲)	مشاعر	13
(۳)	اے دلربا تیرے لیے	22
(۴)	پہلے عورت اس کے بعد مرد	30
(۵)	شادی حماقت ہے	34
(۶)	شوہر کی جنت	41
(۷)	سسرال	49
(۸)	ان کی سسرال	55
(۹)	سسرالی رشتہ دار	66

وکیل

ہندوستان میں جیسی اچھی پیداوار وکیلوں کی ہو رہی ہے اگر اتنا ہی غلہ پیدا ہوتا تو کوئی بھی فاقے نہ کرتا۔ مگر مصیبت تو یہ ہے کہ غلہ پیدا ہوتا ہے کم اور وکیلوں کی فصل ہوتی ہے اچھی۔ نتیجہ یہی ہوتا ہے کہ وہی سب غلہ کھا جاتے ہیں اور باقی سب کے لیے فاقے چھوڑ دیتے ہیں۔ اب آپ خود سمجھ سکتے ہیں کہ بھوکے ہندوستانی سوائے آپس میں لڑنے اور ایک دوسرے سے روٹی چھیننے کے اور کر ہی کیا سکتے ہیں۔ اسی چھینا جھپٹی اور لڑائی دنگے میں مقدمے تیار ہوتے ہیں اور ان مقدموں میں پھر ضرورت پڑتی ہے ان ہی وکیلوں کی جو ہر سال کھیتوں کے بجائے کالجوں میں غلہ کی جگہ پیدا ہوتے ہیں۔

ضرورت اس کی تھی کہ مقدموں کی تعداد کے حساب سے وکیل ہوا کرتے مگر وکیلوں کی تو اور کثرت ہے کہ اگر ایک ایک مقدمہ میں ایک ایک ہزار وکیل لگا دیئے جائیں تو بھی وکیلوں کی ایک بہت بڑی جماعت ایسی باقی رہ جائے گی جو مقدمے نہ ملنے کی شکایت کرتی رہے۔ یہی وجہ ہے کہ نوکری نہ ملنے کی وجہ سے بہت سے گریجویٹ گھبرا کر وکیل تو بن جاتے ہیں مگر وکیل بننے کے بعد جب مقدمے بھی نہیں ملتے تو پھر گھبرا کر نوکری کرنے لگتے ہیں۔

اگر غور کیجیے تو اس وقت وکیلوں کی بہت سی قسمیں آپ کو ملیں گی۔ ایک قسم تو ان وکیلوں کی ہے جن کی وکالت چل رہی ہے۔ ایک قسم وہ ہے کہ وکیل صاحب خود چل

رہے ہیں مگر وکالت نہیں چلتی۔ ایک تیسری قسم ان وکیلوں کی ہے جو نہ خود چلتے ہیں نہ وکالت چلتی ہے بلکہ دونوں سائن بورڈ بنے ہوئے دروازے پر لٹکے رہتے ہیں۔ اور چوتھی قسم ان وکیلوں کی ہے جو ہیں تو وکیل ضرور مگر وکالت سے گھبرا کر کسی اسکول میں ماسٹری کر رہے ہیں یا کسی دفتر میں کلرکی فرما رہے ہیں یا کسی رئیس کے یہاں نوکر ہیں یا اپنی سسرال میں رہتے ہیں یا فقیری لے چکے ہیں یا محض شاعر بن گئے ہیں یا کوئی اخبار نکال کر ایڈیٹر ہو گئے ہیں یا کسی فلم کمپنی میں ایکٹر ہیں یا ریلوے میں ٹکٹ کلکٹر ہیں۔ یا ابھی تک گھر میں بیٹھے ہوئے یہ غور کر رہے ہیں کہ آٹا پیسنے کی چکی لگانا مناسب ہو گا یا شادی ایجنسی کھولنے میں زیادہ فائدہ ہے۔ بہر حال وکالت کا ان کے دماغ میں کوئی خیال نہیں ہوتا اور نہ بھول کر بھی وہ کبھی اپنے وکیل ہونے کے متعلق غور کرتے ہیں۔

قصہ دراصل یہ ہے کہ وکالت آخر کہاں تک چلے اور کس کس کی چلے۔ یقین جانیے کہ اگر ہندوستان بھر کے لوگ ایک دوسرے سے سر پھٹول میں مصروف ہو جائیں اور ہندوستان کی تمام آبادی کو سوائے اس کے اور کوئی کام نہ رہ جائے کہ وہ بس فوجداری کیا کرے تو ان وکیلوں کی شاید پوری پڑے۔ مگر قصہ تو یہ ہے کہ ہر سال ہندوستان کی آبادی جتنی نہیں بڑھتی اتنے وکیل بڑھ جاتے ہیں اور اگر یہی رفتار ہے تو وہ دن قریب ہے جب ہر مؤکل خود وکیل بھی ہوا کرے گا اور وکیل مؤکل بھی ہو گا۔ یعنی اس ملک میں سوائے وکیلوں کے اور کوئی نظر ہی نہ آئے گا۔ مالک وکیل، نوکر وکیل، میاں وکیل، بیوی وکیل، باپ وکیل، تاجر وکیل، گاہک وکیل، مجرم وکیل، منصف وکیل، ملزم وکیل، گواہ وکیل، جیوری وکیل۔ مختصر یہ کہ ادھر وکیل اُدھر وکیل، اتر وکیل، دکھن وکیل، پورب وکیل، پچھم وکیل گویا کہ وکیلوں کا ایک سیلاب ہو گا جس میں ہندوستان بہ جائے گا اور تاریخوں میں ہندوستان کا صرف اسی قدر ذکر باقی رہ جائے گا کہ یہ ایشیا کا ایک ملک تھا کہ جس میں

وکیل پیدا ہوتے تھے اور آخر ان ہی وکیلوں کی کثرت نے اس ملک کو ڈبو دیا۔ اب بھی بحر ہند میں اکثر وکیلوں کے گون اور وکالت نامے تیرتے ہوئے پائے جاتے ہیں اور غوطہ خوروں نے مقدمات کی مسلیں بھی برآمد کی ہیں۔

سوال یہ ہے کہ وکیلوں کی اس دن دونی رات چوگنی ترقی کے بعد وکیل بے چارے آخر کریں گے کیا۔ آج ہی یہ حال ہے کہ مقدموں کے لیے وکیل تو جس تعداد میں جس سائز جس ڈزائن کے کہیے ڈھیر کر دیے جائیں۔ مگر وکیلوں کو آنکھ میں لگانے کے لیے دوا کے طور پر بھی مقدمے نہیں ملتے اور خدا جانے وہ بے چارے کیوں کر وکیل بن کر زندہ رہتے اور اپنی ظاہری شان کو قائم رکھتے ہیں۔ مگر یقین جانیے کہ جو زمانہ کل آرہا ہے وہ آج سے بھی زیادہ ان وکیلوں کے لیے سخت ہے۔ اس لیے کہ ہندوستان روز بروز مہذب ہو رہا ہے اور سمجھدار ہندوستانی لڑائی جھگڑا چھوڑتے جاتے ہیں مگر وکیل ہیں کہ ابلتے ہی آتے ہیں۔ جو وکیل پہلے سے بنے ہوئے ہیں ان کا تو حال یہ ہے کہ ہاتھ پر ہاتھ دھرے بیٹھے ہیں۔ پھر بھلا اس نئی درآمد کی کھپت کہاں ہو سکتی ہے۔ یہ مذاق نہیں ہے بلکہ وکیلوں کو واقعی اپنے متعلق ٹھنڈے دل سے غور کرنا ہے کہ وہ کیا کریں گے۔ اگر ہمارا یہ خیال غلط بھی ہے کہ ہندوستان مہذب ہو رہا ہے اور لڑائی جھگڑے کو لوگ چھوڑ رہے ہیں جس کے بعد مقدمے تیار نہ ہو سکیں گے تو بھی ذرا غور تو کیجیے کہ ہر سال وکیلوں کی جو فوج ہندوستان بھر کی یونیورسٹیوں سے نکلتی ہے اس کے لیے نئے نئے مقدمے کہاں سے لائے جائیں گے اور اگر اسی حساب سے ہندوستان میں جرائم کی رفتار بڑھتی گئی اور مقدموں کی تعداد میں اضافہ ہوتا رہا تو اس کے دو ہی نتیجے ہو سکتے ہیں کہ یا تو ہندوستان ایک بہت بڑا جیل خانہ بن کر رہ جائے ورنہ سری نگر سے راس کماری تک اور کراچی سے ڈبرو گڈھ تک لمبی چوڑی کچہری ہو جائے گا۔ لیکن اس کے بعد بھی تو وکیلوں کو اپنے لیے کوئی اور راستہ

ڈھونڈھنا پڑے گا۔ پھر آخر وہ ہندوستان کو جیل خانہ یا کمرہ عدالت بنا دینے پر کیوں تلے ہوئے ہیں۔ آخر اپنے لیے ابھی سے کوئی راستہ کیوں نہیں ڈھونڈھتے۔ جنگلات کا محکمہ ہے اس میں جگہ ڈھونڈھتے رہیں۔ دنیا کے سمندروں میں بہت سے غیر آباد جزیرے ہیں۔ ان کو ڈھونڈھیں اور آباد کریں۔ ہمالیہ کی مہم میں اب تک سب کو ناکامی ہوئی ہے۔ یہ لوگ بھی کوشش کریں شاید کامیابی انہیں کی قسمت میں لکھی ہو۔ ہندوستان کے جنگلوں میں خوفناک درندے مارے مارے پھرتے ہیں اگر ان کو سدھالیا جائے تو وہ سرکسوں میں کام آسکتے ہیں اور سرکس والے اچھے دام دے کر خرید سکتے ہیں، لہٰذا ان درندوں کی تعلیم وتربیت کی طرف توجہ کریں۔

شیر کو سلام کرنا سکھائیں۔ بھالو کو حقہ پینے کی تعلیم دیں، بندروں کو ڈانس کرائیں اور اسی طرح ان جنگلی جانوروں کو سرکس کے قابل بنائیں۔ یہ بہت فائدے کا کام ہے اور اس کام میں سب ہی لگ سکتے ہیں، بشرطیکہ ذرا محنت کریں۔ دنیا کے سمندروں میں آئے دن جہاز ڈوبتے رہتے ہیں۔ ایسے ایسے خزانے ہوتے ہیں جو اگر کسی کو مل جائے تو وہ مالدار ہو جائے، لہٰذا غوطہ خوری سیکھیں اور اس دولت کو حاصل کریں جو مچھلیوں اور کچھوؤں کے لیے بیکار ہے مگر انسان کے کام آسکتی ہے اور انسان کو مالامال کر سکتی ہے۔

اسی ہندوستان میں خدا جانے زمین کے اندر کیسے کیسے خزانے ہیں۔ کہیں سونے کی کان ہے تو کہیں مٹی کے تیل کا چشمہ ہے۔ کہیں کوئلہ ہے تو کہیں لوہے کی کان ہے۔ اگر ویران جنگلوں میں ذرا دل لگا کر کھدائی شروع کر دی جائے تو اگلے زمانہ کے بادشاہوں سے لے کر چھوٹے رجواڑوں تک کے خزانے الگ مل سکتے ہیں اور یہ کانیں الگ دریافت کی جا سکتی ہیں۔ دوسرے ملک کے لوگ نئی ایجادیں کرتے رہتے ہیں کہ کہیں کسی درخت کے ریشوں سے کپڑا بنالیا تو کہیں دو تین درختوں کو ملا کر کوئی کھانے کی چیز پیدا

کرلی۔ آخر اس قسم کی ایجادوں کی طرف یہ لوگ کیوں نہ متوجہ ہوں۔ کیا تعجب ہے کہ ان ہی کے دماغ میں کوئی ایسی ترکیب آجائے جس سے کپڑے کو کھایا اور روئی کو پہنایا جاسکے یا ریت کو اناج کی طرح پیٹ بھرنے کے کام میں لایا جاسکے یا آٹے کی بھوسی سے سوٹ کا کپڑا تیار ہوسکے۔

بہر حال دماغ لڑانے کی ضرورت ہے اور جب دماغ لڑ جائے تو ہاتھ پیر چلانے کی بھی ضرورت ہوگی۔ اس لیے کہ اب خالی بیٹھنے اور وکالت سے کوئی امید رکھنے سے کام نہیں چل سکتا۔ خدا نہ کرے کہ وکیلوں کی بڑھتی ہوئی تعداد کی طرح مقدمے بھی بڑھتے جائیں۔ ابھی تو خیر منشی جی ایک آدھ موکل کہیں نہ کہیں سے پکڑ ہی لاتے ہیں۔ اور وکیل صاحب اونے پونے اس کا مقدمہ اس لیے لڑا دیتے ہیں کہ پیٹ میں آنتیں ایک دوسرے سے لڑتی ہیں اور گھر میں بیوی ناک میں دم رکھتی ہیں۔ آخر ان سب کو کسی طرح سمجھایا جا ئے یا نہیں۔ لیکن اب تو وہ وقت بھی آرہا ہے جب منشی جی خود بھی وکیل ہوں گے، اور گھر والی بھی وکیل ہوں گی۔ پھر وکیل صاحب آسانی سے یہ نہ سمجھا سکیں گے کہ مقدمہ کیوں نہیں ملتا اور وکالت کیوں نہیں چلتی۔

صاحب لاکھ باتوں کی ایک بات تو یہ ہے کہ دنیا کی ہوا ہی کچھ وکالت کے خلاف چل رہی ہے۔ ایک طرف وکیل بڑھتے جاتے ہیں اور وکیل عام طور پر اچھی خاصی عمر پاتے ہیں۔ دوسری طرف ہندوستان کے موکل قسم کے باشندے مقدموں کا شوق چھوڑ رہے ہیں۔ اگلے زمانہ میں تو یہ ہوتا تھا کہ کسی نے کسی کو دیکھ کر اگر زمین پر تھوک بھی دیا تو لیجیے ایک لاجواب چلتا پھرتا مقدمہ تیار ہوگیا جو مہینوں چلا کرتا تھا اور دونوں طرف کے وکیلوں کو خوب خوب فیسیں ملتی تھیں۔ لیکن اب تو یہ حال ہے کہ کسی کو سر راہ مار بھی دیجیے اور پھر صرف یہ کہہ دیجیے کہ معاف کیجیے گا غلطی ہوئی، بس وہیں پر ہاتھ مل جاتے

ہیں اور قصہ کچہری یا معنی تھانہ تک نہیں پہونچتا یا اچھی خاصی فوجداری کو لوگ بیچ بچاؤ کر کے ختم کرا دیتے ہیں۔ یہ دراصل وکیلوں کی حق تلفی ہے اور وکیلوں کو چاہئے کہ اس کے لیے قانون بنوائیں کہ اس طرح کا نجی بیچ بچاؤ جرم قرار دے دیا جائے ورنہ تمام معاملات یوں ہی طے ہونے لگیں گے اور یہ وکیل بے چارے کہیں کے بھی نہ رہیں گے بلکہ اگر وکیل صاحبان ہماری رائے مانیں تو ہم ان کو مشورہ دیں گے کہ وہ اپنے ان معاملات میں بھی حق پیدا کریں۔ جن کا تعلق اب تک قانون یا عدالت سے نہیں ہے، اس لئے کہ مقدمہ بازی تو بہت جلد کم ہو ہی جائے گی اور وکیلوں کا کام اب دوسری صورتوں ہی سے چل سکتا ہے، جن میں سے چند ہم بتائے دیتے ہیں۔

وکیلوں کو چاہیے کہ وہ اس بات پر زور دیں کہ چونکہ شادی بیاہ بالکل قانونی چیز ہے لہٰذا ہر شادی کے موقع پر ایک قاضی کے علاوہ لڑکی والوں اور لڑکے والوں کی طرف سے ایک ایک سند یافتہ وکیل بھی ہوا کرے تاکہ وہ شادی کی قانونی صورتوں کو باقاعدہ بنا سکیں اور کوئی قانونی خامی باقی نہ رہے۔ اسی طرح بچہ کی پیدائش کے وقت دائی کو چاہئے کہ وہ وکیل کے سامنے اپنا بیان دے اور اسی بیان کی روشنی میں بچہ کی وراثت طے پائے۔ طلاق اور عاق کے قصوں میں بھی وکیلوں کی موجودگی ضرور بنائی جائے۔ مختصر یہ کہ اسی قسم کی چیزیں ہیں جن میں آئندہ وکیل اپنی وکالت کو کام میں لا سکیں گے اور ان چیزوں کے لیے اگر ابھی سے کوشش نہ کی گئی تو کچھ بھی نہ ہو سکے گا ور پھر وکیلوں کی جو حالت ہو گی وہ نہایت افسوس ناک ہو گی مگر ہم کو امید ہے کہ وکیل صاحبان یہ نوبت نہ آنے دیں گے بلکہ اپنے اور اپنی آئندہ نسل کے لیے یہ انتظام کر لیں گے کہ مقدموں کے علاوہ بھی قدم قدم پر ان کی ضرورت محسوس ہو۔ زمین وکیل صاحب بکوائیں گے۔ ریل کا ٹکٹ وکیل صاحب کے سامنے خریدا جائے گا۔ اسکول میں بچہ کا داخلہ وکیل صاحب کے ذریعہ ہوا

کرے گا، پارسل وغیرہ ایک وکیل صاحب کے سامنے روانہ ہوں گے اور دوسرے وکیل صاحب کے سامنے کھولے جائیں گے۔

میاں بیوی وکیلوں کو بٹھا کر آپس میں لڑا کریں گے۔ باپ وکیل صاحب کی موجودگی میں بچے کو سزا دے گا۔ ڈاکٹر وکیل صاحب کی موجودگی میں نسخہ لکھیں گے اور مریض وکیل صاحب کے سامنے نسخہ استعمال کرے گا۔ مرنے والا وکیل صاحب سے مشورہ لے کر مرے گا اور مرنے والے کے عزیز وکیل صاحب کی رائے سے کفن کا انتظام کریں گے۔ شاعر وکیل صاحب سے پوچھ پوچھ کر شعر کہا کریں گے اور ایڈیٹر اپنا ہر پرچہ وکیل صاحب کو دکھا کر شائع کریں گے۔ مقرر پہلے وکیل صاحب کو تقریر سنائے گا اور جلسہ میں جانے والے پہلے وکیل صاحب سے رائے لے لیں گے۔ مختصر یہ کہ ان تمام باتوں میں اگر وکیلوں نے اپنی ضرورت پیدا کرلی تو خیر۔ نہیں تو ہم بتائے دیتے ہیں کہ آج نہیں تو کل وکیل صاحبان یہ غور کریں گے کہ ہم کیا کریں اور ہمارا کام کیا ہے۔ یہ جتنی چیزیں ہم نے بتائیں ہیں ان میں وکیل صاحبان اپنی ضرورت آسانی سے پیدا کر سکتے ہیں۔ اس لیے کہ بظاہر یہ معمولی معمولی باتیں ہیں مگر بڑھتے بڑھتے یہی بات کا بتنگڑ بن کر عدالتوں اور ہائی کورٹوں سے گذر کر پوری نسل تک پہونچ سکتی ہیں، لہٰذا وکیلوں کی ان میں یقیناً ضرورت ہے۔ یہ اور بات ہے کہ وکیل اپنی ضرورتیں خود نہ پیدا کریں۔

***

مشاعر

شاعر سنا تھا۔

متشاعر بھی سنا تھا۔

ایک سرکاری قسم کے مشاعرے میں، "مشاعر" بھی سن لیا۔

بانیٔ مشاعرہ شعرائے کرام کا شکریہ ادا فرما رہے تھے۔ میں مشاعر صاحبان کا بے حد شکر گزار ہوں۔ مشاعر حضرات نے بڑی تکلیف فرمائی ہے، اس مشاعرے میں چوٹی کے مشاعر جمع ہیں، وغیرہ وغیرہ۔

پہلے تو کان کھڑے ہوئے کہ اور تو اور یہ مشاعر کیا بلا ہے مگر پھر فوراً سمجھ میں آگیا کہ مشاعر دراصل اس شاعر کو کہتے ہیں جس کا شاعر ہونا بھی مشکوک ہو سکتا ہے اور متشاعر ہونا بھی یقینی نہیں ہوتا، مگر چونکہ وہ مشاعروں میں شرکت کرتا ہے لہٰذا شاعر یا متشاعر ہو یا نہ ہو مگر "مشاعر" ضرور ہوتا ہے۔

گویا یہ شاعروں کی وہ قسم ہے جو صرف مشاعروں میں پڑھنے کے لیے شعر کہتے ہیں جن کا میدانِ عمل اور میدانِ بے عملی جو کچھ بھی ہے مشاعرہ ہے اور جن کا مقصدِ زندگی سوائے اس کے اور کچھ نہیں کہ مشاعر خواہ وہ کسی قسم کا ہو، کہیں بھی ہو، کسی نے بھی کیا ہو، اس میں شرکت کرنا ضروری ہے۔

شاعروں کی یہ قسم مشاعروں کے لئے پیدل قافلوں میں، بیل گاڑیوں اور تانگوں

میں، لاریوں اور موٹروں میں، ریل اور ہوائی جہاز تک میں مشاعروں کی شرکت کے لیے رواں دواں نظر آتی ہے۔ موسم کی کوئی قید نہیں، گرمی ہو تو کرتے اور انگرکھے میں جائیں گے۔ جاڑا ہو تو چسٹر اور کمبل میں جائیں گے۔ برسات ہو تو چھتری اور برساتی میں جائیں گے مگر جائیں گے اور ضرور جائیں گے، سو کام چھوڑ کر جائیں گے۔ دفتروں سے رخصت علالت لے کر جائیں گے۔ شادیوں کی تاریخیں بڑھوا کر جائیں گے، کوئی مر جائے تو قبرستان پر مشاعرے کو ترجیح دیں گے اور جائیں گے۔ بیمار ہیں تو دوا کی شیشیاں لے کر جائیں گے۔ مختصر یہ کہ مشاعرہ ان سے نہیں چھوٹ سکتا یوں چاہے زمانہ کا زمانہ ان کو چھوڑ دے۔ یقین نہ آتا ہو تو مئی اور جون کی گرمی میں ملتان میں مشاعرہ کر کے دیکھئے۔ دسمبر اور جنوری کی سردی میں کوہ مری پر کوئی بزم سخن منعقد کر کے امتحان کر لیجئے۔ یا شدید بارش میں موچی دروازے کی کسی تنگ گلی میں ایک مصرعہ طرح ڈال دیجئے، پھر دیکھئے کہ کہاں کہاں کا شاعر پہنچتا ہے اور کس کس حال میں پہنچتا ہے۔ حال خواہ کچھ ہو پہنچے گا ضرور۔ یہ نہیں ہو سکتا کہ مشاعرہ شعراء کے نہ آنے کی وجہ سے مل جائے۔

یہ مشاعر واقعی مشاعروں کے لیے جیتے اور مشاعروں پر ہی مرتے ہیں۔ اٹھتے بیٹھتے، سوتے جاگتے، ان کے سر میں مشاعروں کا سوادا اور پیروں میں مشاعروں کا سنیچر دیکھ لیجئے، کوئی بات کسی سے کریں تان ٹوٹے گی آ کر اسی مشاعرے پر۔ کسی بحث پر گفتگو کیجئے گھوم پھر کر آئیں گے مشاعروں کے ذکر پر۔ دور نہ جائیے غریب خانہ تک زحمت فرمائیے قریب ہی برق صاحب رہتے ہیں۔ آپ بڑے پرانے شاعر ہیں اور آپ کا دولت کدہ سینکڑوں مشاعر حضرات کا اڈہ ہے۔ جہاں مشاعروں کے منتظمین آئے دن آتے رہتے ہیں معاوضے طے ہوتے ہیں۔ سفر خرچ طے ہوتے ہیں۔ مشاعروں میں شرکت کے پروگرام بنتے ہیں کہ ایک ہی تاریخ میں اتنے مشاعرے ہیں کون سی ٹولی کس مشاعرے

میں جائے، کون سی کس مشاعرے پر دھاوا بولے۔ مختصر یہ کہ عجیب چھل پہل رہتی ہے۔ معلوم ہوتا ہے کہ برقؔ صاحب کا مکان کیا ہے بھرتی کا دفتر ہے۔ اسی دروازے پر مشاعروں کی لاریاں آکر ٹھہرتی ہیں۔ یہیں سے مشاعر حضرات دساور کیے جاتے ہیں اور اسی جگہ مشاعروں سے متعلق تمام جھگڑے طے پاتے ہیں اور اگر بدقسمتی سے کبھی کوئی چھل پہل نہ ہو تو برقؔ صاحب ازروئے ہمسایہ نوازی غریب خانے پر تشریف لے آتے ہیں اور ان کا خیر مقدم کرنا پڑتا ہے۔

"آخاہ قبلہ برقؔ صاحب ہیں، تشریف لائیں حضور۔ معلوم ہوتا ہے آج کہیں مشاعرہ وغیرہ نہیں ہے۔"

برقؔ صاحب نے بڑے استغنا سے فرمایا، "حضت مشاعرہ کیوں نہ ہوتا۔ قصور میں ایک، شیخوپور میں دو، شاہ پور میں تین۔ گویا تین مشاعرے تو آج ہی ہیں۔ مگر اب کوئی کہاں تک شرکت کرے۔ میں نے تو اب طے کر لیا ہے کہ ان مشاعروں میں شرکت ہی نہ کروں گا۔ لینا ایک نہ دینا دو، سفر میں تکلیف الگ اٹھاؤ۔ رات رات بھر مشاعروں میں جاگو صحت کا ناس ہو کر رہ گیا ہے۔"

عرض کیا، "واقعی آپ کی عمر بھی اب اس قابل نہیں ہے کہ آپ یہ صعوبتیں برداشت کریں۔"

کہنے لگے، "اجی توبہ کیجئے میں نے تو اب کان پکڑے کہ ہرگز کسی مشاعرہ میں نہ جاؤں گا۔ جتنا سفر خرچ ملتا ہے اس سے زیادہ صرف ہو جاتا ہے۔ لاکھ سیکنڈ کا کرایہ لو اور انٹر میں سفر کرو مگر حضت پردیس پھر پردیس ہے، طرح طرح کے خرچ نکل ہی آتے ہیں اور اب کی تو آپ کے سر عزیز کی قسم کمال ہی ہو گیا، کچھ اس ترتیب سے مشاعرے تھے کہ اب جو گھر سے نکلا ہوں تو پندرہ دن کے بعد گھر لوٹنا نصیب ہوا۔

حیرت سے عرض کیا، "پندرہ دن کے بعد یعنی مسلسل مشاعرے۔"

کہنے لگے، "جی اور کیا دم اُلٹ کر رہ گیا ان مشاعروں سے۔ کہیں ریل سے سفر کیا۔ کہیں لاری سے پہنچے اور ایک جگہ تو اونٹ تک پر سفر کرنا پڑا۔"

ایک نجی بات دریافت کی، "اچھا تو یہ بتائیے کہ کچھ بچ بھی گیا۔"

کہنے لگے، "اجی توبہ کیجئے دھیلا بھی نہیں بچا۔ البتہ اب اس کو چاہے بچنا کہیے یا مالِ غنیمت سمجھئے کہ سرگودھا کے مشاعرے میں سے ایک ٹین گھی کا مل گیا تھا۔ کیا کہنا ہے وہاں کے گھی کا، عام طور پر خالص مکھن سے بنایا جاتا ہے مگر اس گھی سے آپ مکھن بنالیجئے۔ اعلیٰ درجہ کا دانہ دار گھی۔ سیالکوٹ سے ایک ہاکی اسٹک ذرا قیمتی قسم کی مل گئی تھی۔"

تعجب سے پوچھا، "ہاکی اسٹک؟ برقؔ صاحب، ہاکی اسٹک بھلا آپ کے کس کام کی۔"

برقؔ صاحب نے ہم کو آنکھوں ہی آنکھوں میں چغد سمجھتے ہوئے فرمایا، "میرے کس کام کی ہوتی مگر وہاں یہی چیز مشہور تھی لہٰذا منتظم مشاعرہ سے فرمائش کردی کہ بندہ زادے نے اسی شرط پر آنے دیا ہے آپ کے مشاعرے میں کہ واپسی میں اعلیٰ درجہ کی ہاکی اسٹک لے کر جاؤں۔ چنانچہ مل گئی ہاکی اسٹک ہوگی کوئی پندرہ سولہ روپے کی۔ اور جناب خدا آپ کا بھلا کرے گجرات سے ایک حقّہ لایا ہوں۔ حضت کیا حقّہ ہے، معلوم ہوتا ہے کوئی تاریخی عمارت رکھی ہوئی ہے، نہایت عظیم الشان حقّہ۔ دکھاؤں گا آپ کو کسی وقت۔ اور ہاں گجرات ہی سے چارپائی کے پائے بھی لایا ہوں۔ بھئی کیا رنگ ہے اور کیا روغن، اتفاق کی بات کہ وزیر آباد کے مشاعرے میں جو پہنچا تو بانیٔ مشاعرہ سے ذکر آگیا مسہری کا۔ ان بیچارے نے فوراً ایسی لاجواب منگا کردی کہ میری تو مسہری سج گئی۔"

عرض کیا، "برقؔ صاحب، اگر اس طرح آپ ہر دورے میں یوں مالِ غنیمت جمع

کرتے ہوں گے تو یہ تو گویا آمدنی کی بڑی اچھی صورت ہے۔"

برقؔ صاحب نے بڑی مایوسی سے کہا، "اجی کہاں ہر دورے میں۔ بڑے بڑے منحوس ہوتے ہیں بانیانِ مشاعرہ، ذرا مشکل ہی سے پھنستے ہیں، لائل پور کے مشاعرے میں بڑے ہیر پھیر سے ایک تھان لٹھے کی فرمائش کی تھی۔ میں نے کہا کیا بڑی بات تھی اگر تحفتہ دے دیا جاتا م، مگر ان حضرت نے نہایت بے مروتی سے کام لے کر جھٹ اُس کی قیمت بتادی۔ اب میں کیا کروں چُپ رہ گیا۔ البتہ ایک ریشمی تہبند ضرور لایا تھا وہاں سے۔"

عرض کیا، "اس کو کہتے ہیں بھاگتے بھوت کی لنگوٹی۔"

ہنس کر بولے، "بھئی کیا بات کہی ہے۔ بالکل یہ مثل صادق آئی۔ دیکھئے شارقؔ صاحب بزمؔ صاحب تشریف لارہے ہیں۔"

اور پھر بلند آواز سے پکارا، "ارے بھئی میں ادھر ہوں، اسی طرف آجایئے۔"

شارقؔ صاحب اور بزمؔ صاحب نے نہایت بدحواسی کے ساتھ آتے ہوئے کہا، "ملتان کے لوگ تو نہیں آئے تھے آپ کے پاس؟"

برقؔ صاحب نے سنبھلتے ہوئے کہا، "نہیں تو، کیوں کیا بات ہے؟"

شارقؔ صاحب نے کہا، "چودہ تاریخ کو مشاعرہ ہے ملتان میں۔ دعوت نامے لے کر آئے ہیں، احقرؔ صاحب کے یہاں گئے تھے۔ اُن سے وعدہ لے لیا ہے اور سفر خرچ کے علاوہ پچیس روپے طے پائے ہیں۔"

برقؔ صاحب نے فرمایا، "یہاں تو اب تک پہنچے نہیں۔ ایسا تو نہیں ہے کسی نے بہکایا ہو۔ بڑے بڑے کرم فرما پڑے ہوئے ہیں۔"

بزمؔ صاحب نے فرمایا، "جی نہیں، وہ آئیں گے ضرور۔ مجھ سے ملے تھے۔"

برقؔ صاحب نے بدحواسی سے پوچھا، "اچھا، یعنی آپ سے مل چکے ہیں؟ میرا نام بھی لیا تھا۔"

بزمؔ صاحب نے کہا، "جی ہاں آپ کا نام میں نے خود ان کی فہرست میں دیکھا تھا اور شارقؔ صاحب کا نام بھی بڑھوا دیا تھا۔ مگر کہتے ہیں کہ میں جا نہیں سکتا۔"

برقؔ صاحب نے استادانہ شان سے فرمایا، "گویا یہ کہتے ہیں کہ یہ جا نہیں سکتے آخر کیوں؟ آخر کیا مجبوری ہے ایسی؟"

شارقؔ صاحب نے کہا، "سب کپڑے دھوبی کے یہاں پڑے ہیں۔ باہر جانے کے لیے کم سے کم ایک جوڑا تو فالتو ہونا چاہیے۔"

برقؔ صاحب نے فرمایا، "میاں لاحول ولا قوۃ۔ میں سمجھا کہ نہ جانے کیا مجبوری ہے۔ عزیز من مشاعرے میں کپڑے نہیں دیکھے جاتے کلام دیکھا جاتا ہے۔ انشاء کا واقعہ یاد کرو کہ بھرے مشاعرے میں ایک فقیر توبڑا لیے ہوئے پہنچتا ہے۔ لوگ اس کے بھی روادار نہیں کہ قریب بٹھائیں۔ وہ آکر ایک طرف بیٹھ جاتا ہے اور اب جو غزل پڑھتا ہے؛

کمر باندھے ہوئے چلنے کو یاں سب یار بیٹھے ہیں
بہت آگے گئے باقی جو ہیں تیار بیٹھے ہیں

تو سنّاٹا چھا گیا مشاعرے میں۔ انشاء تو اسی سج دھج سے غزل پڑھ کر کاغذ پھاڑ یہ جا وہ جا۔ مگر مشاعرے کو جیسے سانپ سونگھ گیا۔ تو کہنے کا مطلب یہ ہے جو کپڑے پہنے ہوئے ہو وہ ٹھیک ہیں۔ زیادہ سے زیادہ یہ کہ رقم پیشگی مانگو اور ایک جوڑا بنوا لو۔"

بزمؔ صاحب نے فرمایا، "یہ تو غلط ہے صاحب، مشاعرے کے بعد شاعر اور الیکشن کے بعد ووٹر کا ایک ساحل ہوتا ہے۔ پھر کرتے پھریئے ایک ایک کی خوشامد، یاد ہے سیالکوٹ کا مشاعرہ، پچاس پچاس کہہ کر لے گئے اور پندرہ پندرہ ٹکائے۔ تو جناب یہ غلط

ہے، جو کچھ طے کریں وہ گن دیں سیدھے ہاتھ سے۔"

بزم صاحب نے چونکتے ہوئے کہا، "لیجیے وہ آکر رکا تانگہ، وہی لوگ ہیں۔"

برقؔ صاحب نے گھبرا کر کہا، "شارقؔ صاحب دوڑنا ذرا اسی طرف لے آؤ اور بزم بھائی ذرا چار پان اور آدھی ڈبیہ سگریٹ لے لینا تنبولی سے مرا نام لے کر۔"

برقؔ صاحب منتظمین مشاعرہ کو لے کر اسی طرف آ گئے۔ برقؔ صاحب نے ان کو سر آنکھوں پر جگہ دی، آدھی ڈبیہ سگریٹ کھول کر ان کے سامنے رکھ دی۔ پاس ہی پانوں کی پڑیا بھی رکھی رہی۔ مزاج پرسی ہوئی، تشریف آوری اور پھر یاد آوری کے شکریے ادا کیے گئے اور آخر معاملہ کی گفتگو شروع ہو گئی۔ منتظمین مشاعرہ میں سے ایک صاحب نے فرمایا؛

"قبلہ بات یہ ہے کہ قاعد اعظم میموریل فنڈ کے سلسلہ میں ایک مشاعرہ کیا ہے۔ مقصد یہ ہے کہ اُس کی کلی آمدنی جمع کر کے قاعد اعظم میموریل فنڈ میں بھیج دی جائے۔ اس کے لیے یہ بھی ضروری ہے کہ اخراجات کم سے کم ہوں۔ اب یہ فرمائیے کہ آپ لوگ ہمارے لیے زیادہ سے زیادہ کیا ایثار فرما سکتے ہیں۔"

برقؔ صاحب نے کھیسیں نکال کر فرمایا، "آپ نے کچھ کہنے سننے کی گنجائش ہی نہیں چھوڑی ہے۔ قاعد اعظم میموریل فنڈ کا مشاعرہ ہے تو اب ہم کیا کہہ سکتے ہیں ورنہ لاہور سے باہر جانے میں پچاس سے کم تو میں لیتا ہی نہیں اور یہی مطالبہ شارقؔ صاحب اور بزمؔ صاحب کا ہوتا ہے۔ بہر حال سفر خرچ کے علاوہ آپ چالیس چالیس کر دیجیے۔"

ناظم مشاعرہ نے کہا، "چالیس تو بہت ہیں برقؔ صاحب، اس طرح تو ہم کچھ بھی نہ بچا سکیں گے۔ ہم نے آپ تینوں کے لیے بیس بیس روپے طے کیے تھے۔ یہ رقم حقیر ضرور ہے مگر مقصد دیکھیے کس قدر عظیم ہے۔"

برقؔ صاحب نے فرمایا، "حضور والا، یہ تو درست ہے، مگر آپ نے بیس سے زیادہ بھی لوگوں کو دیئے ہیں۔"

منتظم صاحب نے فرمایا، "صرف احقر صاحب کو، اور وہ بھی اس لیے کہ انھوں نے فرمایا ہے کہ مشاعرہ کمیٹی کا کھانا نہیں کھاؤں گا بلکہ چونکہ پرہیزی کھاتا ہوں لہٰذا اپنا انتظام خود کروں گا۔"

برقؔ صاحب نے فرمایا، "اور سفر خرچ۔"

منتظم صاحب نے فرمایا، "تیرہ کی رات کو لاری یہاں پہنچ جائے گی اور آپ لوگ چودہ کی صبح کو تڑکے یہاں سے روانہ ہو جائے تاکہ آسانی سے پہنچ جائیں۔"

برقؔ صاحب نے فرمایا، "یہ تو منظور ہے مگر اب ایک شرط ہے کہ جو کچھ طے ہوا ہے وہ یہیں عنایت کر دیجئے۔ یہ ہم لوگوں کا اصول ہے اور ہم اس پر سختی سے پابند ہیں۔"

منتظم صاحب نے کہ، "برقؔ صاحب یہ تو ممکن نہ ہو گا۔ بات یہ ہے کہ پچھلے سال ہم نے پیشگی رقمیں دے دی تھیں۔ نتیجہ یہ ہوا کہ تین سو روپیہ اپنی گرہ سے بھرنا پڑا اور شعراء نے شرکت نہ کی۔ بہر حال یہ رقم آپ کو وہاں پہنچتے ہی مل جائے گی۔"

برقؔ صاحب نے گویا آخری فیصلہ سُنا دیا، "یہ غلط ہے جناب، اگر آپ اتنا اعتماد بھی نہیں کر سکتے تو ہم تیار نہیں ہیں۔"

منتظم مشاعرہ نے لاکھ خوشامد کی لاکھ سمجھایا مگر برقؔ صاحب کسی طرح تیار نہ ہوئے۔ آخر بہ مشکل تمام سمجھوتہ یہ ہوا کہ لاری ڈرائیور کے ہاتھ یہ رقم بھیج دی جائے گی پہلے وصول کر لیجئے پھر لاری میں قدم رکھئے۔"

منتظمین مشاعرہ کے جانے کے بعد شارقؔ صاحب نے کہا، "اب بتایئے وقت اتنا کم ہے اور غزل بھی طرح میں کہنا ہے۔ پھر وہی کپڑے والا قصہ۔ صاحب مجھ کو نہ لے

جائیے۔"

برقؔ صاحب نے آنکھیں نکال کر کہا، "میاں توبہ ہے تم سے بھی۔ باباتم میرا ایک جوڑا لے لو، بس۔ اب تو خوش ہو۔ مصرعہ طرح کیا ہے۔"

بزمؔ صاحب نے کہا،

مرے ذوقِ نظر کی ایک حد ہے آسماں کیا ہے

برقؔ صاحب نے کہا، "تمہارے پاس غزل تو موجود ہوگی۔ راولپنڈی کے مشاعرے کی؟"

شارقؔ صاحب نے کہا، "وہ تو۔ کہاں کیا تھا، آسماں کیا تھا۔ میں ہے۔"

برقؔ صاحب نے ہنس کر فرمایا، "بھئی سخت بیوقوف ہو۔ تھا کو، ہے بتاتے ہوئے بھی کوئی دیر لگتی ہے۔ پڑھو اپنا مطلع۔"

شارقؔ صاحب نے مطلع پڑھا،

فنا کے بعد اب جانا کہ پردہ درمیاں کیا تھا
کھلی جب آنکھ تو سمجھا کہ یہ خواب گراں کیا تھا

برقؔ صاحب نے کہا، "لکھیے اسے یوں،

فنا کے بعد جانیں گے کہ پردہ درمیاں کیا ہے
کھلے گی آنکھ تو سمجھیں گے یہ خواب گراں کیا ہے

برقؔ صاحب شارقؔ صاحب کے، "تھا" کو، "ہے" کرنے میں مصروف تھے اور ہم پر یہ صداقت چھائی جارہی تھی کہ واقعی یہ قوم نہ تو شاعر ہے نہ اس کو متشاعر ہی کہہ سکتے ہیں۔ اس کا اگر کوئی نام ہو سکتا ہے تو وہ مشاعر اور صرف مشاعر ہے۔

***

اے دلربا تیرے لیے

شاعر چلغوزے کھا رہا تھا۔۔۔

سامنے کی چھت پر اس کی محبوبہ گنّا چوس رہی تھی۔۔۔

اور دونوں کے درمیان ایک گہری اور تنگ گلی حائل تھی۔ وہ سنگ دل گلی جس کی گہرائیاں صرف روپے سے پاٹی جا سکتی تھیں۔ شاعر کے افکارِ عالیہ اس خلیج کو پر نہیں کر سکتے تھے اس لیے کہ دنیا ابھی اتنی فن شناس نہیں ہوئی ہے کہ وہ اس چلغوزے کھانے والے اور کان پر بجھی ہوئی بیڑی رکھنے والے فن کار کی منزلت کا اندازہ کر سکے۔

وہ اپنی محبوبہ کی شان میں ہر روز ایک نئی نظم کہتا اور خود ہی اس کے ترنم میں ہچکولے کھا کر رہ جاتا۔ کاش اس کی محبوبہ کا ناشناس باپ عرائض نویس ہونے کے علاوہ تھوڑا بہت سخن فہم بھی ہوتا۔ اور اس بات پر فخر کر سکتا کہ اتنا بڑا فن کار خود اس کی دختر کو موضوعِ شعر بنائے ہوئے ہے۔ مگر وہ سخت کور ذوق تھا، ناک پھنگی پر عینک لٹکائے ہوئے دن بھر کچہری کے احاطہ میں عرائض نویسی کرتے کرتے اس میں لطافت کی حس ہی باقی نہ رہی تھی۔

مگر شاعر کو نہ آغاز کا کبھی پتہ چلا اور نہ انجام کی فکر نے کبھی ستایا۔ اس کو تو کچھ ایسا محسوس ہوتا تھا کہ گویا اس کا مقصدِ حیات صرف یہ ہے کہ اپنی محبوبہ کو دیکھے اور اپنے افکار کو اس کے تصور سے جگمگاتا چلا جائے۔ آج اس نے اپنی محبوبہ کو پہلی مرتبہ گنّا چوستے

دیکھا۔ چلغوزے کھانے کی رفتار پہلے دھیمی پڑی پھر یکایک تیز ہوگئی اور آخر اس نے مٹھی بھر چلغوزے ایک طرف رکھ کر کان پر لگی ہوئی بیڑی سلگائی۔ اس وقت شعریت اس کے جذبات میں انگڑائی لے رہی تھی۔ اس کو محسوس ہوا کہ عرش سے اس کے لیے سامانِ نو آرہا ہے اور فلک کے دروازے اس پر کھل گئے ہیں اس نے جھوم کر قلم اٹھالیا۔ کچھ گنگنایا۔ کچھ سر دھنا اور یکایک ایک ڈھلا ہوا مصرعہ صفحۂ قرطاس پر آگیا۔

"اف بنتِ نے شکر تری شکرّ فروشیاں"

وہ گنگناتا رہا جھومتا رہا۔ سر دھنتا رہا۔ بیڑی پر بیڑی پیتا رہا۔ یہاں تک کہ دوسرا مصرعہ نازل ہوا۔ اور مکمل شعر صفحۂ قرطاس پر ذی روح نظر آنے لگا۔

اف بنتِ نے شکر تری شکرّ فروشیاں
شیریں تری نگاہ ہے میٹھی تری زباں

اور اس نے جلدی جلدی دو تین چلغوزے کھائے۔ وہ چاہتا تھا کہ اس کی محبوبہ کا گنّا ختم ہونے سے پہلے نظم مکمل ہو جائے وہ ٹہل ٹہل کر اپنا شعر گنگنا رہا تھا۔ کبھی کسی لے میں کبھی کسی دھن میں کہ وہ یکایک آنکھ بند کر کے کھڑا ہو گیا۔ کچھ بڑبڑایا کچھ سر کو جھٹکا دیا۔ پھر کچھ گنگناتا ہوا دوڑا کاغذ کی طرف اور دوسرا شعر کاغذ پر بکھیر دیا،

ہر اک ادا میں رس ہے ہر اک بات میں مٹھاس
کیوں تلخیوں کا پھر ہو گذر تیرے آس پاس

اور اب سر پکڑ کر وہیں بیٹھ گیا۔ یہ علامت یا تو الہام کی تھی یا واقعی اس کا جی متلا رہا تھا۔ پنسل سے اس نے ایک بطخ کی تصویر بنائی جو کچھ خرگوش سے ملتی جلتی تھی اور یکایک پنسل رکھ کر اس نے پھر بیڑی کے دم لینا شروع کر دیے۔ یہاں تک کہ اس کو پھر قلم اٹھانا پڑا۔ اور بیڑی کا ایک لمبا کش لے کر کاغذ پر اس طرح دھواں چھوڑا کہ اسی پردے میں

تیسرا شعر بھی کاغذ پر منتقل ہو گیا جو دھواں چھٹنے کے بعد پڑھا جا سکا۔

شہد و شکر سے بڑھ کے ترا ہر خیال ہے
پھر بھی میں تلخ کام ہوں یہ بھی کمال ہے

اس نے تینوں شعر جھوم جھوم کر سلسلہ وار اپنے خاص ترنم میں پڑھے اور تیسرے شعر کے بعد ہی اس نے ظلم اٹھا کر چوتھا شعر بغیر بیڑی پیے لکھ دیا،

تیرے لیے مٹھاس زمانے کی اور رس
مجھ تلخ کام کے لیے غم تیرا اور بس

نظم اب مکمل تھی اور اس کی محبوبہ کا گنّا بھی ختم ہو چکا تھا۔ چنانچہ وہ اٹھی، اپنا دوپٹہ جھاڑا چیچپاتے ہوئے ہاتھ اپنے گھنیر سے بالوں پر پھیرے اور ایک ٹانگ سے اچکتی ہوئی کوٹھے سے نیچے اتر گئی۔ شاعر نے ایک آہ سرد بھری۔ اپنے اشعار پر نظر ڈالی اور آسمان کی طرف حسرت سے تکنے لگا کہ اسے چرخ ستمگار دیکھ لیا تو نے کہ ان آبدار موتیوں کا مول کرنے والا کوئی بھی نہیں ہے۔ یہ لعل و جواہریوں ہی انمول پڑے کنکر پتھر کی طرح بیکار رہیں گے۔ وہ سوچتا رہا۔ دیر تک سوچتا رہا۔ اس کا سلسلۂ خیال دور بہت دور بلکہ اس سے بھی دور تک جا پہنچا۔ اور جب وہ دولڑتی ہوئی چڑیوں کے اپنے سر پر گرنے کی وجہ سے چونکا تو اس کی دنیا ہی بدل چکی تھی۔ وہ طے کر چکا تھا کہ اپنی محبوبہ کو حاصل کرنے کے لیے وہ روپیہ بھی جمع کروں گا۔ جو کبھی میرا موضوع نہیں رہا ہے۔ میں جنس ہنر بیچوں گا۔ میں قصیدے لکھوں گا۔ میں بڑے بڑے لوگوں کے مرنے کا انتظار کروں گا تاکہ ان کی وفات کے تاریخی قطعے نظم کروں۔ میں ہر صبح پیدائش و اموات کے میونسپلٹی والے منشیوں سے ملا کروں گا تاکہ معلوم ہو سکے آج بڑے آدمی کے یہاں ولادت ہوئی ہے تاکہ تہنیتی نظم لکھوں۔ اور اب میں مشاعرے میں جانے کی فیس لیا کروں گا۔

شاید شاعر کی دعا قبول ہو گئی۔ اسی وقت کسی نے اس کا دروازہ کھٹکھٹایا اور شاعر بیڑی بجھا کر کان پر لگاتا ہوا نیچے اتر آیا۔ آنے والے ایک مشاعرے کے منتظمین تھے جو اپنے مشاعرے کے لیے شاعروں کی بھرتی کرنے نکلے تھے۔ لمبے لمبے لفافے ان کے ہاتھ میں اور بکھرا ہوا تبسم ان کے چہروں پر۔ شاعر نے اپنے دروازے کے سامنے ہی گلی میں ان کا خیر مقدم کیا۔ ایک صاحب نے کارڈ پیش کرتے ہوئے بڑے انکسار سے فرمایا،

"یہ مشاعرہ بڑی تاریخی اہمیت رکھتا ہے۔ پچھلے سال اس مشاعرے میں صرف مقامی شاعر آئے تھے مگر اس مرتبہ اطرافِ عالم سے مشاہیر شعرا تشریف لا رہے ہیں۔ چائے کا انتظام بھی پر تکلف ہو گا۔ پچھلے سال شعرا کو چائے میں شکر کی کمی کی شکایت رہ گئی تھی۔ لہٰذا اب کے ہم نے خاص کوٹا حاصل کر لیا ہے شکر کا اور سگریٹ بھی اب کے ہماری مجلس انتظامیہ نے طے کیا ہے کہ کم سے کم پاسنگ شو ضرور ہو۔"

دوسرے صاحب نے فرمایا۔ "طرحیں ایک درجن ہیں اور اس کا بھی آپ کو اختیار کہ جس طرح کا ہے قافیہ جس طرح میں رکھ لیں۔ پھر بھی اگر زحمت ہو تو غیر طرح ہی سہی۔"

تیسرے صاحب کیوں چپ رہتے وہ بھی بولے۔ "کوشش کی گئی ہے کہ اس مرتبہ سامعین سے شعرا کی تعداد بڑھنے نہ پائے۔ صرف ان ہی شاعروں کو پڑھنے کی اجازت دی جائے گی جو یا تو مدعو ہوں یا اپنے اپنے حلقہ کے پولیس اسٹیشن سے اس بات کی تصدیق کرا کے لائیں کہ ان کا کلام مالِ مسروقہ نہیں ہے۔ اور وہ واقعی شاعر ہیں۔ مگر آپ کے لیے یہ قید نہیں۔ آپ تو ماشاء اللہ مانے ہوئے ہیں۔"

شاعر نے بہت غور سے سب کچھ سنا مگر وہ اب طے کر چکا تھا کہ بغیر فیس کے کسی مشاعرے میں نہ جائے گا۔ اس وقت اس کی نگاہوں میں اس کی محبوبہ کا تصور رقص کر رہا

تھا۔ اس نے بڑی متانت سے کہا۔

"آپ کی اس دعوت کا شکریہ مگر میں اپنا ایک اصول بنا چکا ہوں کہ شاعر کے وقت کی بھی آخر کچھ نہ کچھ قیمت ہوتی ہے۔"

ان لوگوں نے کورس میں کہا۔ "قیمت؟"

شاعر نے کہا، "جی ہاں قیمت۔ اور میں طے کر چکا ہوں کہ بغیر کچھ لیے کسی مشاعرے میں نہ جاؤں گا۔

ایک صاحب نے کہا۔ "مثلاً۔"

شاعر نے اب تک خود اپنا نرخنامہ مرتب نہ کیا تھا۔ نہ ڈسکاؤنٹ کے قواعد مرتب تھے۔ نہ کمیشن کے اصول مقرر، پھر بھی اس نے اس طرح کہا گویا سب کچھ طے ہے۔

"دیکھیے اگر آپ آمدرفت کے لیے سواری کا خود انتظام فرمائیں تو صرف شرکتِ مشاعرہ کا ہدیہ میں دس روپیہ قبول کر لوں گا۔ بشرطیکہ مجھ سے صرف ایک ہی غزل یا نظم سنی جائے۔ اور اگر ایک سے زیادہ چیزیں مجھے سنانا پڑیں تو نئی نظم یا غزل پانچ روپیہ مزید۔"

ایک صاحب نے کچھ ہاتھ ملتے ہوئے کہا۔ "مگر قبلہ جیسا کہ آپ کو اس کارڈ سے معلوم ہو گا یہ مشاعرہ تو یتیم خانے کی طرف سے ہو رہا ہے۔"

دوسرے صاحب بولے، "صرف کارڈوں کی چھپوائی کا بار اس قدر زیادہ ہے کہ آئندہ سے غالباً ہم لوگ سلیٹ پر دعوت نامہ لکھ کر گشت کرا دیا کریں گے۔"

تیسرے صاحب نے کہا، "مشاعرے میں ٹکٹ ضرور رکھا ہے تاکہ یتیموں کی کچھ امداد ہو جائے مگر بے شمار لوگ بیرنگ بھی آجائیں گے۔"

شاعر نے اپنے اصول پر سختی سے قائم رہ کر کہا "درست ہے مگر اصول بھی کوئی چیز

ہے۔"

ایک صاحب نے دوسرے صاحب سے کچھ سرگوشی کرنے کے بعد کہا۔ "اچھا قبلہ تھوڑی سی ترمیم فرماہی دیجیے اپنے اصول میں۔"

شاعر تو ناامید ہو چکا تھا اس نے جلدی سے کہا۔ "ہاں ہاں فرمائیے۔"

وہی صاحب بولے۔ "ہدیہ دس کے بجائے پانچ رکھیے۔ البتہ اگر ایک سے زیادہ چیزیں آپ سے سنی گئیں تو فی غزل یا نظم دس روپے رکھ لیجیے۔"

شاعر نے کہا، "مگر اس میں تو آپ کا نقصان ہے۔"

وہ صاحب بولے۔ "جی نہیں ہم اپنے مشاعرے کا رنگ سمجھتے ہیں اس لیے ہم صرف یہی ترمیم بلکہ آپ کے اصول میں ذرا سا ردوبدل چاہتے ہیں۔"

دوسرے صاحب بولے۔ "اور قبلہ اتنی رعایت اور دیجئے کہ سواری کا انتظام خود ہی فرمالیجیے۔"

شاعر ممکن تھا انکار کر جاتا کہ اس کی محبوبہ کا تصور پھر نگاہوں کے سامنے رقص کرنے لگا۔ لہٰذا وہ راضی ہو گیا۔ منتظمین نے پانچ روپے کا نوٹ شاعر کے ہاتھ پر رکھا اور شاعر سے رسید لکھوا کر رخصت ہو گئے۔

اب شاعر خوش تھا۔ اس نے اپنی شاعری کی پہلی کمائی کی تھی اور اب اس کا دل گواہی دے رہا تھا کہ اگر یہی رفتار ہے، تو اس کی محبوبہ اس سے بہت دنوں تک بچھڑی نہیں رہ سکتی۔ اس گہری اور تنگ گلی کو مشاعروں کی یہ آمدنی پاٹ کر رکھ دے گی۔ اور وہ اپنی محبوبہ سے ایک ہی سطح پر مل سکے گا۔

مشاعرے کے دن شاعر نے دن بھر کپڑے دھوئے اور جوتے کو ٹھیک کرایا۔ شام کو وہ اپنی بیاض لے کر چار میل کی چہل قدمی کرتا ہوا مشاعرہ گاہ تک اس حالت میں پہنچا

کہ جوتے کی تمام مرمت کی قلعی کھل چکی تھی۔ مشاعرے کا پنڈال حاضرین سے کھچا کھچ بھرا ہوا تھا۔ شاعر کو منتظمین نے شعرا کی صف میں پہنچا دیا۔ اور مشاعرہ شروع ہو گیا۔ تھوڑی ہی دیر میں شاعر کا نام پکارا گیا اور وہ ایک خاص وقار سے اٹھ کر مائیکروفون تک آیا۔ تمام پنڈال تالیوں سے گونج رہا تھا۔ شاعر نے گلا صاف کر کے مائیکروفون میں منہ ڈالتے ہوئے کہا۔

"حضرات میری نظم کا عنوان ہے۔ "ایک حسینہ کو گنّا چوستے دیکھ کر۔"
حاضرین نے قیامت خیز تالیاں بجائیں اور چند اوباش قسم کے لوگ ہنس بھی دیئے۔ ایک آواز آئی۔

"کیا گنڈیری والے جمع کئے ہیں۔"
جناب صدر نے میز پر ہاتھ مار کر کہا۔

"خاموش! حضرات خاموش!"
شاعر نے بڑے ہی لحن سے نظم شروع کی،

اف بنتِ نے شکر تری شکر فروشیاں
اور پنڈال قہقہوں سے گونج اٹھا۔ شاعر نے اس طوفان کے تھمنے کا انتظار کرنے کے بعد کہا۔

"حضرات میں آپ کے سامنے نہ کوئی تماشہ دکھا رہا ہوں نہ کوئی لطیفہ عرض کر رہا ہوں۔ پھر اس ہنسی کے معنی آخر کیا ہیں؟"
ایک آواز آئی۔ "اف بنتِ نے شکر۔"
پنڈال پھر قہقہوں سے گونج اٹھا۔ منتظمین میں سے ایک صاحب نے شاعر کے قریب آ کر کہا،

"آپ کوئی غزل شروع کر دیجیے!"

شاعر نے کڑے تیوروں سے کہا۔ "جناب والا! میں غزل گو شاعر نہیں ہوں۔ اور اب تو میں کچھ بھی پڑھنا نہیں چاہتا۔"

منتظم صاحب بولے۔ "ویسے آپ کی مرضی مگر آپ تو منہ مانگا معاوضہ بھی لے چکے ہیں۔"

اور شاعر کی نگاہوں کے سامنے اس کی محبوبہ کا تصور پھر رقص کرنے لگا۔ اس نے حاضرین کے شور کی پرواہ کیے بغیر اپنی نظم بڑے جوش وخروش سے شروع کر دی، تالیوں اور قہقہوں کی قیامت برپا تھی مگر شاعر نظم پڑھ رہا تھا۔ اس لیے کہ اب وہ پانچ کا نوٹ واپس نہ کر سکتا تھا۔ اس میں سے کچھ صرف ہو چکا تھا۔ اور باقی سے اس کو اس گہری اور تنگ گلی کی خلیج کو پاٹنا تھا جو اس کے اور اس کی محبوبہ کے درمیان حائل تھی۔

جس وقت شاعر نظم پڑھ کر واپس آیا ہے، وہ پسینہ میں شرابور تھا۔ منتظمین اس کو دانت پیس پیس کر گھور رہے تھے۔ اور جناب صدر نے تو کئی مرتبہ نظم خوانی کے دوران یہ ارادہ کیا تھا کہ شاعر کے منہ پر پٹی باندھ کر پنڈال سے باہر نکال دیں۔

مگر اب مشاعرہ کا ہنگامہ ختم ہو چکا تھا۔ نہایت سکون سے ایک صاحب کی غزل سنی جا رہی تھی اور شاعر پانچ روپے کے بار سے ہلکا ہو کر جیب سے نکال نکال کر چلغوزے کھا رہا تھا۔ اس کی محبوبہ اس کے تصور میں گنّا چوس رہی تھی۔ اور اس کو محسوس ہو رہا تھا کہ درمیانی گلی کا خلاء تھوڑا بہت پر ہو چکا ہے۔

* * *

پہلے عورت اس کے بعد مرد

یہ جو مہذب دنیا کے مردوں نے "لیڈیز فرسٹ" والی تہذیب رائج کی ہے اس میں خواتین کی عزت افزائی خواتین کو بے وقوف بنانا ہی مقصود نہیں ہے بلکہ بڑی بڑی مصلحتیں ہیں۔ مثلاً یہی کہ ہر جگہ عورتوں کو پہلے بھیجا جائے تا کہ اگر کوئی مصیبت راہ میں حائل ہو تو پہلے وہ اس سے دوچار ہو لیں اور جو کچھ گذرتا ہے وہ اُن پر گذر جائے، مرد اس مصیبت سے محفوظ رہ سکیں۔ چنانچہ اب بڑی چالاکی کے ساتھ یہ کہا جارہا ہے کہ ستاروں کا جو سفر در پیش ہے اس کے لئے مردوں سے زیادہ عورتیں موزوں ہیں اور لیڈیز فرسٹ اصول کو پیش نظر رکھ کر مرد یہ گستاخی کر بھی نہیں سکتے کہ عورتوں کو پیچھے چھوڑ کر خود پیش قدمی کر جائیں۔ اس طرح وہ اس دنیا ہی میں نہیں بلکہ ساری کائنات میں بدنام ہو جائیں گے کہ عجیب جانگلو ہیں۔ اس دنیا کے لوگ بھی کہ ان کو تہذیب کا یہ بنیادی اصول بھی نہیں معلوم کہ لیڈیز کو آگے بڑھایا جاتا ہے اور مرد اُن کے پیچھے پیچھے ہیں۔ نیاز مندی کے ساتھ فدوی بنے ہوئے۔

رائٹ فیلڈ (اوہیو) کے مرکز میں ائر میڈیسین لیبارٹری نے بتایا ہے کہ کائنات میں سفر کرنے کے لئے مرد جتنا ناموزوں ہے عورتیں اتنی ہی موزوں ثابت ہوئی ہیں۔ یہ تجربہ اس وقت ہوا جب سائنسدانوں نے تجربہ کے کیبن میں مردوں اور عورتوں دونوں کو رکھا۔ اس کیبن میں کائناتی سفر کا ماحول پیدا کر دیا گیا تھا۔ اس ماحول میں بے صبر مرد

تھوڑی ہی دیر کے بعد گھبرا گئے اور انھوں نے جھجھلانا شروع کر دیا مگر عورتیں نہایت صبر و سکون کے ساتھ بیٹھی رہی۔ کیا مجال کہ ذرا بھی گھبراہٹ ان پر طاری ہو۔ اُن کی جبیں پر ایک بھی شکن پڑی ہو، وہ حسب معمول تھوڑی تھوڑی دیر کے بعد اپنا پرس کھول کر آئینہ دیکھ لیتی تھیں اور اپنا میک اپ درست کرلیتی تھیں، بالوں پر ہاتھ پھیر کر اُن کو درست کرلیتی تھیں اور چھوٹے سے ریشمی روماں سے لپ اسٹک پھیل گئی ہو تو وہ اس کو درست کرلیتی تھیں۔ یہ مشق اس لئے جاری تھی کہ اگر وہ واقعی کسی نئی دنیا میں پہونچیں تو وہاں کے باشندے ان کو دیکھ کر بس دیکھتے ہی رہ جائیں اور پہلی ہی نظر میں اُن کے حُسن کا جادو اُن اجنبیوں کو مسحور کر دے۔

عورتوں کے اس اطمینان اور مردوں کی اس سراسیمگی کو دیکھ کر یہی نتیجہ نکالا گیا ہے کہ مردوں کو کائناتی سفر پر بھیجنا غلط ثابت ہو گا۔ اس کی ابتداء عورتوں ہی سے کرائی جائے اور لیڈیز فرسٹ ہی سے کام لیا جائے۔ اس کے بعد جب عورتیں اس سفر سے واپس آکر اپنے تجربات سے مردوں کو آگاہ کریں گی اور ان کو اس سفر کی تربیت دیں گی تو شاید مرد بھی ہمت کر گذریں، ورنہ سچ تو یہ ہے کہ اس قسم کی مردانہ ہمت آج کل کی عورتوں ہی میں نظر آتی ہے۔ مرد تو دو کوڑی کا بھی نہیں رہا ہے۔ خواہ مخواہ بھی مونچھوں پر تاؤ دیتا پھرتا ہے اور جب کوئی مہم در پیش ہوتی ہے تو لیڈیز فرسٹ کہہ کر عورتوں کو آگے بڑھا دیتا ہے اور خود اُن کی آڑ میں چھُپ جاتا ہے۔ ان مردوں نے مہذب ہونے کے بعد ہر میدان میں عورتوں کو ڈھال کے طور پر استعمال کرنا شروع کر دیا ہے اور دیکھ لیجئے گا کہ اس قسم کے خطرناک تجربے کیا معنی مرد تو جہنم کے دروازے پر پہونچ کر بھی عورتوں سے کہے گا کہ "لیڈیز فرسٹ۔"

اس کائناتی سفر کے سلسلے میں یہ لیڈیز فرسٹ والی بات کوئی نئی نہیں ہے۔ روس نے

سب سے پہلے لیڈی لائیکا ہی کو اس سفر پر روانہ کیا تھا۔ ورنہ کیا یہ نہیں ہو سکتا تھا کہ بجائے اس نازک اندام کتیا کے کسی قومی ہیکل کتّے کو بھیجا جاتا مگر غالباً اس تجربے کے وقت بھی کتوں نے بھی یہی عذر پیش کیا تھا کہ آخر ہم ایک مہذب ملک کے کتّے ہیں۔ ہم سے اس گنوارپن کی توقع کیوں کی جارہی ہے کہ ہم اپنی لیڈیز یعنی کتیوں کو پیچھے چھوڑ کر خود آگے بڑھ جائیں گے، یہ اعزاز پہلے کسی کتیا کو دیا جائے گا چنانچہ لائیکا کو بھیجا گیا تھا جو آج تک واپس نہیں آئی ہیں اور روس کے کتّے اپنی اس دانشمندی پر خوش ہیں کہ اگر انھوں نے لیڈیز فرسٹ کے اصول پر عمل نہ کیا ہوتا تو بجائے اس معزز کتیا کے نہ جانے کون سا کتا اس تجربہ کی بھینٹ چڑھ جاتا۔ خیر وہ کتوں کو بھیجنے کا زمانہ تو گیا اب انسان کو بھیجنے کی باری آئی ہے تو مردوں نے ابھی سے یہ اڑا دی ہے کہ اس کائناتی سفر کے لئے عورتیں ہی موزوں سمجھی گئی ہیں، مرد تو نہایت ناکارہ ثابت ہوا ہے اور بس اسی قابل ہے کہ لیڈیز فرسٹ کہہ کہہ کر عورتوں کو مقدم اور اپنے کو موخر بناتا رہے۔

مقصد صرف یہ ہے کہ یہ بات تو سب ہی جانتے ہیں کہ اس تجربہ میں صرف وہی حصہ لے سکتا ہے جو اپنی جان کو عزیز نہ رکھتا ہو۔ اس سیارے میں بیٹھ کر اڑنے کے بعد سب سے پہلے تو یہی کہنا پڑتا ہے کہ:

پہلی منزل ہے فنا اے رہروِ راہِ بقا
آگے قسمت ہے تری اور ہمت مردانہ ہے

یعنی اُڑنے والا خود ہی یہ طے کر لیتا ہے کہ لو بھئی اڑے ہم اس دنیا سے اور صرف روح ہی قفس عنصری سے پرواز نہیں کر رہی ہے بلکہ قفس عنصر بھی پرواز کر رہا ہے عالم بالا کی طرف۔ اب یہ دوسری بات ہے کہ یہ حضرت ایسے لائف انشیورڈ ثابت ہوں کہ موت ان کو اس خودکشی کے باوجود نہ پوچھے بلکہ یہ موت کے پیچھے دوڑیں تو وہ سر پر پیر

رکھ کر بھاگے ورنہ ننانوے اعشاریہ نوفی صدی تو امید یہی ہوتی ہے کہ بس گئے یہ حضرت۔ للہذا مرد تو یہ چاہتے ہیں کہ جب تک یہ کائناتی سفر ہر طرح محفوظ ہو جائے اور جب تک اس سفر سے واپسی یقینی نہ ہو جائے وہ ذرا پیچھے ہی رہیں اور خواتین کو لیڈیز فرسٹ کہہ کر آگے بڑھاتے رہیں تاکہ تمام تجربے ان پر گزر جائیں اور مرد اس سفر کا آغاز اس وقت کریں جب یہ تجرباتی مرحلہ گذر جائے اور یہ سفر انگریزی کا SUFFER باقی نہ رہے۔

رہ گئیں عورتیں وہ بھی دراصل اتنی بیوقوف ہیں جتنی نظر آتی ہیں۔ وہ ان خود غرض مطلب پرست اور کائناتی مردوں کی تمام چالاکیوں کو بخوبی سمجھتی ہیں کہ مرد ان کو کس کس طرح قربانی کی بکریاں بناتا رہتا ہے۔ بڑے محبت کے دعوے کرتا ہے، ناز بردار بنتا ہے، نگاہِ ناز سے شہید ہوتا رہتا ہے۔ روز ایک نئی ادا پر ایک تازہ موت مرتا ہے اور کسی دن بھی اس کا جنازہ نہیں نکلتا۔ عورت کی چشم وابرو کے اشارے پر جان تک دینے کو تیار رہتا ہے مگر جب کوئی ایسا امتحان سامنے آجاتا ہے جس میں واقعی مرنے جینے کا سوال ہو تو عورت کو آگے بڑھا کر لیڈیز فرسٹ ڈھونگ رچانا شروع کر دیتا ہے۔ ایسے خود مردوں کی اس دنیا میں رہ کر جہاں جنسِ وفا راشن کارڈ پر بھی نہ مل سکے مسلسل بیوقوف بنے جانے سے تو اچھا یہی ہے کہ؛

رہیے اب ایسی جگہ چل کر جہاں کوئی نہ ہو

اور کیوں نہ ان تجربوں کے لئے اپنے کو پیش کر دیں۔ موت برحق تو ہے ہی کیوں نہ زندگی کی تلاش میں آئے۔ اگر تجربہ کامیاب ہو گیا تو کائنات کی ماں کہلائیں گی ورنہ مرحومہ و مغفورہ تو ہیں ہی۔

***

شادی حماقت ہے

شادی کے بعد سے اس بات پر غور کرنے کی کچھ عادت سی ہوگئی ہے کہ شادی کرنا کوئی دانشمدانہ فعل ہے یا حماقت! یعنی اگر یہ دانشمندی ہے تو پھر بعض اوقات اپنے بے وقوف ہونے کا بے ساختہ احساس کیوں ہونے لگتا ہے اور اگر یہ حماقت ہے تو اس حماقت میں دنیا کیوں مبتلا نظر آتی ہے۔ آپ کہہ سکتے ہیں کہ اگر یہ کوئی غور کرنے کی بات تھی تو شادی سے پہلے غور کیا ہوتا۔ مگر میرا خیال یہ ہے کہ غور کرنے کا شعور عام طور پر شادی کے بعد ہی پیدا ہوتا ہے۔ ورنہ اس دنیا سے شادی کی رسم کب فنا ہو چکی ہوتی۔ یہاں تک پہنچنے کے بعد ایک سوال اور پیدا ہوتا ہے۔ وہ یہ ہے کہ شادی ہو چکنے کے بعد اس پر غور کرنے سے فائدہ ہی کیا ہے۔ اس کا جواب یہ ہے کہ اس کا فائدہ ایک شادی شدہ انسان کو تو خیر نہیں پہنچ سکتا۔ لیکن خلق اللہ کو فائہ پہونچنے کا قوی امکان موجود ہے۔ جس طرح دنیا کے تمام تجربے حاصل کرنے والے بنی نوع انسان کے محسن ہیں۔ اسی طرح ہم شادی شدہ لوگ بھی آئندہ نسلوں کے محسن ہوسکتے ہیں۔ بشرطیکہ وہ نسلیں؛

دیکھیں ہمیں جو دیدۂ عبرت نگاہ ہو

یقیناً وہ عظیم المرتبت شخص ہم سب کا محسن تھا جس نے سب سے پہلے زہر کھا کر مرنے کا تجربہ کیا اور دنیا کو زہر کے متعلق یہ شعور عطا کیا کہ اس کے کھانے سے آدمی مر جاتا ہے۔ چنانچہ ہم نے بھی شادی اس لیے کی ہے کہ غیر شادی شدہ ہم کو دیکھیں کہ

شادی کرنے کے بعد انسان وہ ہو جاتا ہے جو ہم ہو گئے ہیں۔

شادی تو خیر ایک مستقل مبحث بلکہ ایک فن مکمل ہے۔ اس صحرا کا صرف ایک ذرّہ اور اس قلزم کا صرف قطرہ اس وقت موضوع بحث ہے۔ یعنی بیوی بھی نہیں بلکہ بیوی کے رشتہ دار، اب اگر آپ اس ذرّے کی وسعتوں اور اسی قطرہ کی گہرائیوں پر غور کریں تو چیخ اُٹھیں گے۔

اسی قطرہ میں دریا ہے اسی ذرّے میں صحرا ہے۔ بیوی کے رشتہ دار ایک شادی شدہ انسان کے لئے عام طور پر سانپ کے منھ والی چھچھوندر ثابت ہوتے ہیں جن کو نہ اگلا جائے نہ نگلا جاسکتا کہ وہ بیوی کے رشتہ دار ہیں۔ اور نگلا اس لئے نہیں جاسکتا کہ اپنے رشتہ دار نہیں ہیں۔ اپنے رشتہ داروں کے متعلق ایک آدمی کو ہر وقت اُگلنے یا نگلنے کا اختیار حاصل رہتا ہے۔ اُن سے دل خوش ہے، طبیعت میل کھا رہی ہے۔ دل قبول کر رہا ہے تو تعلقات قائم ہیں، ورنہ بہانہ ڈھونڈھ کر لڑ لئے۔ وہ اپنے گھر خوش ہم اپنے گھر خوش، لیکن بیوی کے رشتہ داروں کے متعلق تو یہ گویا ایک طے شدہ بات ہے کہ اُن سے ہر حال میں تعلقات رکھنا ہیں۔ اُن سے خلوص کا اظہار کرنا ہے، ان کی مدارات میں دل، جگر اور آنکھوں کے فرش بچھا کر اُن پر جذبات کے گاؤ تکیے لگانا ہیں۔ اگر وہ بڑے ہیں تو سعادت مندی کے ان کو وہ جوہر دکھانا ہیں جو خود اُن کی ذاتی اولاد سے ممکن نہ ہوں۔ اگر برابر کے ہیں تو محبت کا وہ اظہار کرنا ہے کہ بھی منافقت کے قائل ہو جائیں۔ اگر چھوٹے ہیں تو اس قسم کی شفقت کرنا ہے جس میں گستاخی کا کوئی امکان نہ ہو۔

البتہ اگر ادب کا پہلو نمایاں ہو جائے تو چنداں مضائقہ نہیں ہے۔ آپ کو معلوم ہے کہ اس قسم کی زبردستی اور نفس کشی سے ایک انسان کس حد تک جرائم پیشہ ہو جاتا ہے۔ یعنی اس کی اخلاقی جرأت فوت ہو جاتی ہے، ضمیر کی زبان پر فالج گر جاتا ہے۔ سچائی کے

عالم میں آجاتی ہے، ایمانداری اختلاج میں مبتلا ہو جاتی ہے اور بحیثیت مجموعی وہ انسان اگر کچھ باقی رہ جاتا ہے تو صرف منافق، دروغ باف، اور ایک حد تک ڈرپوک بھی۔ لیکن کچھ بھی ہو اگر اس کو بیوی پیاری ہے تو بیوی کے رشتہ داروں سے اچھے تعلقات رکھنا ہی پڑتے ہیں۔ خواہ دل ہی دل میں وہ خودکشی یا فرار کے امکانات پر کتنا ہی غور کیوں نہ کرے۔

بیوی کے رشتہ داروں کی بھی عجیب عجیب قسموں سے ایک بیوی والے کو دوچار ہونا پڑتا ہے۔ ان میں سے موت کا درجہ تو کم و بیش سب ہی کو حاصل ہوتا ہے۔ لیکن بعض ہوتے ہیں محض موت، بعض ناگہانی موت، بعض غریب الوطنی کی موت اور بعض ہر حال میں ملک الموت، محض موت تو خاص خاص لوگ ہوتے ہیں جن کا ایک انسان تقریباً عادی ہو جاتا ہے مثلاً بیوی کے والد، بھائی، ماں، خالہ، چچا، چچی، ماموں اور ممانی وغیرہ۔ ناگہانی موت وہ رشتہ دار ہوتے ہیں جن کا کوئی علم ہی نہیں ہوتا۔ بس دفتر سے آکر یہ معلوم ہوتا ہے کہ باورچی خانہ میں مرغ مسلّم پک رہا ہے۔ نعمت خانہ میں فیرینی کے پیالے چنے ہوئے ہیں۔ اور گھر کے تمام نوکر پلاؤ سے کشتی لڑ رہے ہیں۔ دریافت کرنے پر پتہ چلتا ہے کہ خسر صاحب کے کوئی پھوپھی زاد بھائی جنوبی افریقہ سے تشریف لائے ہیں چنانچہ صحن میں قالین بچھے ہوئے، تخت پر گاؤ تکیہ سے لگے ہوئے حقہ پیتے اور پان چباتے ایک سند باد جہازی نظر آتے ہیں۔ جن کے سامنے بیوی صاحبہ پان پر پان اور الائچیوں پر الائچیاں رکھتی نظر آتی ہیں۔ مجبوراً نہایت ادب سے آداب عرض کرنا پڑتا ہے۔ جس کے جواب میں یہ فرعون مصر فرماتے ہیں۔

"سلامت رہو میاں، آؤ بیٹھو، بڑی طبیعت خوش ہوئی تمھیں دیکھ کر۔ برخوردار من یہ عجیب طریقہ ہے تمہارے یہاں کا کہ صبح سے غائب اب آئے ہو شام کو۔"

عرض کیا کہ "دفتر کے اوقات کچھ ایسے ہی ہیں۔"

نہایت رعونت سے فرمایا، "دراصل ملازمت غلامی کا دوسرا نام ہے۔ ہمارے خاندان میں سب تجارت پیشہ ہیں۔ اب یہ ان لڑکیوں کی قسمت تھی۔ کہ ان کو ملازمت پیشہ بر ملے۔ اور دراصل تجارت کا کہنا ہی کیا۔ انسان بادشاہی کی حد تک ترقی کر سکتا ہے۔ جنوبی افریقہ میں تمہاری دعا سے پہلے ایک چائے اسٹال تھا میرا، اب دو ہوٹل ہیں اور خوب چل رہے ہیں۔ بھائی صاحب کو دیکھو، یعنی اپنے خسر کو لیس بیل فیتہ وغیرہ بیچتے تھے مگر اب خدا کے فضل سے محض دوکان کا کرایہ دیتے ہیں۔ آٹھ روپیہ ماہوار تو مطلب یہ کہ تجارت کچھ اور ہی چیز ہے۔ بہر حال کیا تنخواہ ملتی ہے؟"

عرض کیا، "پچاسی روپے۔"

نہایت حقارت سے ان بساطی کے بھائی ہوٹل والے صاحب نے فرمایا، "اس قدر آمدنی تو ایک تانگہ رکھ کر اور کرایہ پر چلا کر بھی ہو سکتی ہے۔" اب بیوی کو جو رحم طلب نظروں سے دیکھا تو وہ گویا اپنے افریقین چچا جان کی تائید میں تھیں، نتیجہ یہ ہوا کہ زہرہ گھونٹ پی کر اور ان کے ساتھ مرغ پلاؤ اور فیرینی کھا کر رہ گئے۔

ایک تو آئے دن کی مصیبت یہ ہے کہ سوسائٹی میں ہر وقت کے طعنے ہیں کہ سنیے جناب آپ کے خسر تو بڑے گراں فروش ہو گئے ہیں۔ سیپ کے بٹن تمام دنیا میں چار آنے درجن مل رہے ہیں، اور وہ دیتے ہیں پانچ آنہ درجن، اب کون ان پڑھے لکھے دوستوں کو سمجھائے کہ بھائی ان کو گھما پھرا کر بساطی نہ کہو۔ ملک التجار کہو، بہر حال اس قسم کی باتوں کی تو خیر عادت پڑ جاتی ہے۔ مگر یہ بھانت بھانت کے ناگہانی رشتہ دار جو ٹپکتے رہتے ہیں ان کا آخر کیا علاج اور ان سے بھی زیادہ لاعلاج وہ قسم ہے جس کو غریب الوطنی کی موت عرض کیا ہے۔ بیوی کے یہ رشتہ دار غربت میں بہت ستاتے ہیں۔ فرض کر لیجئے

کہ آپ بسلسلۂ ملازمت یابسلسلہ شامت کہیں باہر گئے ہوئے ہیں۔ بڑے لئے دیئے بیٹھے ہیں۔ دل مطمئن ہے کہ یہاں کسی کو یہ خبر نہیں کہ ہم بساطی کے داماد ہیں کہ یکایک ایک صاحب داڑھی چڑھائے لٹھ ہاتھ میں کچھ چوروں کی سی وضع قطع تشریف لے آئیں گے اور اتنی زور سے السلام علیکم کریں گے کہ آپ اُچھل پڑیں۔ اب وہ گل افشانی شروع کر دیں گے کہ "ارے بھائی یہاں آئے اور خبر تک نہ کی۔ ہم لاکھ غریب ہیں مگر پھر بھی تم ہمارے دل و جگر ہو میں تمہارے خسر صاحب کی حقیقی خالہ کا داماد ہوں۔ اس قدر قریب کے عزیز اور یہ بیگانگی اور جو یہ کہو کہ میرا پتہ نہ تھا تو میاں یہ بات میں ماننے کا نہیں، اسٹیشن پر جس تانگہ والے سے پوچھ لیتے کہ بھائی تمہارے چودھری کہاں رہتے ہیں وہ پتہ بتا دیتا۔" اب بتائیے کہ ان چودھری صاحب کے پردیسی داماد کا سارا وقار اس غریب الوطنی میں کس کی بغلیں جھانکتا پھرے اور جو سکہ یہاں جمانا چاہتے تھے اس کی کھوٹ معلوم ہو جانے کے بعد اپنی قیمت کیونکر قائم رکھی جائے۔

خیر یہ صورتیں تو ایسی حالت میں پیدا ہوتی ہیں کہ آدمی ضعف بصر کے ماتحت یا تو اپنے سے پست درجہ کے لوگوں سے سسرالی تعلقات پیدا کرنے یا دماغ کی خرابی کے ماتحت بلا وجہ خود اپنی اصلیت چھپا رہا ہو اور وہ اس طرح بے نقاب ہوتی ہے۔ لیکن ایسی صورتیں اگر نہ بھی ہوں تو سسرالی رشتہ دار کچھ عجیب خدائی فوجدار قسم کے لوگ تو ضرور ہی ثابت ہوتے ہیں۔

ہمدردی وہ اس لیے نہیں کر سکتے کہ اپنے نہیں ہوتے اور نکتہ چینی اس لیے اپنا فرض سمجھتے ہیں کہ ہم ان کی ایک عزیزہ کے نہایت خاص قسم کے رشتہ دار ہوتے ہیں۔ یعنی وہ اچھی طرح ٹھونک بجا کر اس قابل تو سمجھ لیتے ہیں کہ اپنی عزیزہ کی شوہری کے اعزاز سے ہم کو سرفراز کر دیں۔ مگر یہ اندیشہ ان کو قدم قدم پر رہتا ہے کہ ممکن ہے ان کی نظر

انتخاب نے دھوکا کھایا ہو۔ بہر حال پہلے تو وہ رسمی طور پر اپنی عزیزہ کا شوہر بنا دیتے ہیں۔ اس کے بعد عملی طور پر گویا شوہر بننے کی ٹریننگ دیتے رہتے ہیں۔ شوہر غریب، نسبت سے لے کر شادی تک اور شادی سے لے کر موت تک یہی سمجھتا رہتا ہے کہ اس نے اپنے کو صرف ایک ہستی سے وابستہ کیا ہے۔ لیکن اُس کی یہ غلط فہمی طرح طرح سے دور کی جاتی ہے اور اس کو بتایا جاتا ہے کہ نکاح تو صرف ایک سے ہوا۔ مگر نباہ اُن سب سے کرنا ہے جو کسی نہ کسی حیثیت سے بیوی کے رشتہ دار ہیں یا ہو سکتے ہیں یا سمجھے جا سکتے ہیں۔ یا سمجھے جانے کا کوئی بھی امکان موجود ہے۔ ان رشتہ داروں سے نباہ بھی مر کھپ کر گوارا کر لیا جائے۔ مگر ہوتا عام طور پر یہ ہے کہ نباہ اخلاقی، تمدنی، معاشرتی، اقتصادی اور معاشی ہر حیثیت سے اول تو ناممکن ہوتا ہے اور اگر ممکن بنا بھی لیا جائے تو بہت گراں رہتا ہے۔ مثلاً اخلاقی حیثیت سے یوں گراں ثابت ہوتا ہے کہ ان کی ہر بد اخلاقی کو سراہنا آخر کیوں کر ممکن ہے۔

تمدنی اور معاشرتی حیثیت سے یہ نباہ اس لیے گراں بیٹھتا ہے کہ اپنا تمدن اور اپنی معاشرت چھوڑ کر ان کے رنگ میں رنگ جانا اول تو ایک قسم کی زن مریدی ہے۔ دوسرے یہ بھی کوئی ضروری بات نہیں کہ وہ تمدن اور وہ معاشرت قابل قبول بھی ہو۔

فرض کر لیجئے کہ وہ لوگ پہلوان ہیں۔ اب بتایئے کہ ہم اپنی معاشرت میں ڈنٹر اور مگدر کیوں کر شامل کر سکتے ہیں۔ اقتصادی حیثیت کا پوچھنا ہی کیا جتنی تقریبیں، شادیاں، کن چھیدن، دودھ بڑھائی، مونچھوں میں، کونڈے، منگنیاں اور حد یہ ہے کہ موتیں ان سسرالی رشتہ داروں میں ہوتی ہیں۔ اتنی اپنے رشتہ داروں میں کبھی نہیں ہوتیں، اس لیے کہ اپنے رشتہ دار تو گنے گنائے محدود ہوتے ہیں۔ مگر ان سسرالی رشتہ داروں کا تو کوئی شمار نہیں ہوتا۔ پھر یہ کہ ہر تقریب میں بیوی کا جانا اور شوہر کا اس سلسلہ میں مقروض

ہونا برحق ہوتا ہے۔ تاکہ سسرال میں بات بنی رہے۔ خواہ مہاجن بات کا بتنگڑ بنالے۔ معاشی حیثیت کا ذکر میں نے اس لیے کیا ہے کہ بہت سے داماد قسم کے یتیم لوگ یا تو سسرالی پیشہ اختیار کرنے پر مجبور کر دیئے جاتے ہیں۔ یا کم سے کم سسرالی بزرگوں کے مشورے سے کسی ملازمت سے مستعفی ہونے یا کسی ملازمت کی امیدواری کرنے کا فیصلہ ضرور کرتے ہیں۔ ان تمام امور کے علاوہ ایک سب سے بڑی بات یہ بھی ہوتی ہے کہ سسرالی رشتہ داروں کی تبلیغ سے اپنے رشتہ داروں سے آدمی دور ہو جاتا ہے۔ خیریت اسی کو سمجھئے کہ امن وسکون سے تعلق ختم اور وہ استوار ہوتا رہے۔ ورنہ اس سلسلہ میں فوجداریاں تک دیکھی اور سُنی ہیں اور کیا عجب ہے کہ کبھی ان ہی فوجداریوں کی ذاتی طور پر نوبت آجائے اس لئے کہ لاکھ سمجھدار سہی مگر پھر بھی آخر شادی شدہ تو ہم ہیں ہی۔

***

شوہر کی جنت

بات یہ ہے کہ ہم نے بیگم کو ہمیشہ اسی بات کا یقین دلایا ہے کہ ہم کو کسی اور جنت کی ضرورت ہی نہیں ہے۔ ہماری جنت تو صرف آپ کی ذات ہے۔ مگر واقعات اس کے سراسر خلاف ہیں جب کہ ہم کو تو مستقل طور پر یہ فکر ہے کہ اگر جنت میں ہمارا ساتھ ان ہی نیک بخت کا رہا تو آخر کیا ہو گا؛

اب تو گھبرا کے یہ کہتے ہیں کہ مر جائیں گے
مر کے بھی چین نہ پایا تو کدھر جائیں گے

طالب علمی کے زمانے میں بورڈنگ ہاؤس کی زندگی بسر کرنے کا ہم کو پورا تجربہ ہے مگر قسم لے لیجئے جو بورڈنگ ہاؤس کے ایک قانون کو بھی صحیح سالم چھوڑا ہو۔ اسکول میں ماسٹروں سے مرعوب ہونا ہمارے نزدیک ہمیشہ ذلت کی بات تھی۔ البتہ ذرا ہیڈ ماسٹر صاحب کے گھنٹہ میں تھوڑی دیر کے لیے دم سادھ کر بیٹھنا پڑتا تھا مگر اب تو یہ حال ہے کہ گویا ہیڈ ماسٹر صاحب ہی سے شادی کر لی ہے۔ کیا مجال کے بیگم صاحبہ کے ہوتے ہوئے ہم اپنے پیدائشی حق یعنی آزادی سے کوئی بھی فائدہ اٹھا سکیں۔ صبح دیر میں سو کر اٹھیں تو منحوس۔ منھ دھوئے بغیر چائے پی لیں تو اچھوت۔ دفتر دیر سے جانے کا ارادہ کریں تو کام چور نوالہ حاضر۔ جاڑے کا زمانہ اگر بغیر غسل کے ٹالنا چاہیں تو افیونی۔ تاش کھیلیں تو جواری۔ شطرنج سے دل بہلائیں تو نحوست کے ذمہ دار۔ باہر گھومنے جائیں تو آوارہ گرد۔

رات دیر میں لوٹ کر آئیں تو اعلیٰ درجہ کے بدمعاش۔ پتنگ اڑانے کا ارادہ کریں تو لوفر اور اگر کچھ بھی نہ کریں یعنی خاموش بیٹھ کر اونگھیں یا منھ اٹھائے محض بیٹھے رہیں تو بیوقوف۔۔۔

اب آپ ہی بتائیے کہ یہ زندگی ایک شوہر کی زندگی ہے یا کالے پانی کی سزا پانے والے کسی مجرم کی زندگی۔ مگر جیسی کچھ بھی زندگی ہے بہرحال اب تو اسی طرح اس کو بسر کرنا ہے۔ اس لیے کہ بیگم صاحبہ کا ساتھ کوئی ایک دو دن کا تو ہے نہیں بلکہ زندگی بھر کا ساتھ ہے اور زندگی ایک اتنی بڑی مدت کا نام ہے کہ اس کا تصور کرتے کرتے بھی اختلاج ہونے لگتا ہے۔

خیر یہ زندگی تو جس طرح بسر ہو رہی ہے ہو ہی رہی ہے۔ مگر سوال تو یہ ہے کہ جنت میں کیا ہو گا۔ یعنی اگر ایک یتیم شوہر پر یہ تمام زیادتیاں کرنے کے باوجود بیگم بھی اس جنت سے گئیں جہاں ہمارا جانا اس جہنمی زندگی بسر کرنے کے بعد گویا یقینی ہے تو وہاں کیا ہو گا اور وہاں سے کیوں کر ہم کو نجات مل سکے گی۔ مگر جہاں تک ہمارا خیال ہے ہماری جنت یقیناً ان خطرات سے پاک ہو گی۔ اور وہاں بیگم صاحبہ ہم کو اپنا شوہر بنا کر یوں نہ رکھ سکیں گی بلکہ وہاں ہم ٹانگیں پھیلا کر دن چڑھے تک سویا کریں گے۔ آفتاب کی شعاعیں ہمارے لحاف پر کھیلا کریں گی۔ مگر بیگم کی یہ مجال نہ ہو گی کہ لحاف گھسیٹ کر ہمارے کسی خواب کو نامکمل چھوڑ دیں اور ہم کو اندھیرے منھ نو دس بجے دن کو اٹھا کر بٹھا دیں۔ ہمارا جب تک جی چاہے گا سویا کریں گے، چاہے ہفتوں سوتے رہیں یا مہینوں سو کر نہ اٹھیں۔ پھر یہ بھی کوئی ضروری بات نہ ہو گی کہ سو کر اٹھے تو منہ بھی دھوئیں ورنہ چائے نہ ملے گی۔

یہ تمام پابندیاں تو اس بیگم والی دنیا اور شوہرانہ زندگی تک ہیں۔ جنت میں تو ہمارا منھ

اپنا ذاتی منہ ہو گا خواہ اس کو دھوئیں ی نہ دھوئیں اور چائے بے چاری کی تو خیر کیا مجال ہے کہ وہ اپنے لیے ہمارا منھ دھلوائے بلکہ جہاں تک چائے کا تعلق ہے وہ تو سوتے میں بھی ہم پی سکیں گے۔ اس لیے کہ چائے کی خواہش کو پورا کرنا ہمارا کام نہ ہو گا بلکہ یہ خود چائے کا فرض ہو گا کہ وہ وقت مقررہ پر ہماری اس طلب کو پورا کرے یعنی وہ ہمارے معدے میں اپنی ذمہ داری کے ساتھ پہونچا کرے گی۔ مثلاً فرض کر لیجئے کہ ہم سو رہے ہیں تو محض چائے کے لیے بیدار ہونا اور اپنی نیند میں خلل ڈالنا نہ پڑے گا بلکہ چائے کا فرض ہو گا کہ وہ خود ہی بنے، بن کر کیتلی سے دم کھاتی ہوئی پیالی میں آئے۔ پھر وہ پیالی اس چائے کو لے کر ہمارے بستر تک دبے پاؤں آئے گی اور نہایت احتیاط کے ساتھ لحاف کے اندر پہونچ کر ہمارے لبوں سے لگ جائے گی تاکہ چائے اس پیالی سے نکل کر ہمارے لبوں سے ہوتی ہوئی آہستہ آہستہ حلق کے نیچے اتر جائے اور ہم کو خبر بھی نہ ہو۔ اسی طرح چائے کے ساتھ کا ناشتہ اپنے فرائض منصبی کو خود ہی محسوس کرے گا۔ مطلب کہنے کا یہ کہ یہ تو خیر ایک آدھ مثال تھی جو ہم نے پیش کر دی ورنہ عام طور پر تو یہ ہو گا کہ ہم خود کسی کام کے لیے کبھی مجبور نہ ہوں گے بلکہ ہر کام خود ہمارے لیے جنت میں مجبور ہو گا اور کسی قسم کے کسی قاعدہ یا قانون کی پابندی ہم پر فرض نہ ہو گی بلکہ ہر قاعدہ اور قانون ہمارا پابند ہو گا۔

اب جاڑے کے زمانہ میں نہانے ہی کو لے لیجیے کہ بیگم ناک میں دم رکھتی ہیں۔ اور دسمبر یا جنوری کے زمانہ میں بھی ان کو ذرا بھی ترس نہیں آتا۔ نتیجہ یہ ہوتا ہے کہ ہم کو مر مر کے نہانا پڑتا ہے۔ لیکن جنت میں یہ ظلم ہم پر نہ ہو سکے گا۔ وہاں تو جب ہم چاہیں گے بغیر غسل کیے غسل کی تازگی اپنے اوپر طاری کر لیا کریں گے۔ خواہ وہ دسمبر اور جنوری کا زمانہ ہو یا مئی اور جون کا موسم اور جب یہ صورت ہمارے اختیار میں ہو گی تو اس کے بعد آپ ہی بتائیے کہ بلاوجہ غسل کرنا وقت برباد کرنا نہیں تو اور کیا ہے۔ بیگم ہمارے

ان اختیارات کو دیکھیں گی اور تعجب کریں گی اور صرف یہی کیا ان کو تو سب سے زیادہ چڑھ ہے ہمارے تاش کھیلنے سے۔ یہاں تک کہ گھر میں کبھی کوئی تاش کا پیکٹ رہنے ہی نہیں پاتا اور اگر کبھی ہم نے تاش کی ایک آدھ بازی برس چھ مہینے کے بعد کھیل لی تو اتنے ہی دنوں تک اس کی جواب دہی بھی کرنا پڑتی ہے اور اٹھتے بیٹھتے ہر وقت طعنے سنتے ہیں۔ مگر جنت میں دیکھیں وہ کیسے منع کرتی ہیں۔ وہاں ہمارے اختیار میں ہو گا کہ جب چاہیں نظر بندی سے کام لے کر ان کو نظر باندھ دیں اور خود نہایت اطمینان سے تاش کھیلیں، ہم تاش کھیلیں گے اور وہ دیکھیں گی کہ ہم کوئی نہایت اہم مسئلہ لے کر چند عالی دماغوں کے درمیان سلجھانے کو بیٹھے ہیں۔ اسی طرح ہم شطرنج میں دن دن بھر مصروف رہیں گے اور ان کی سمجھ میں یہی آئے گا کہ ہم کوئی ہنگامہ خیز کتاب لکھ رہے ہیں۔ مگر آپ بجا طور پر یہ کہہ سکتے ہیں کہ یہ بھی ایک قسم کی چوری ہوئی اور چوری کی ضرورت پیش آئی۔ بیگم سے مرعوب ہونے کے بعد لہٰذا جانے دیجیے اس نظر بندی اور سمجھ بندی کی ترکیبوں کو۔ مگر آپ کے پاس اس کا کیا علاج ہے کہ ہماری جنت کی آب و ہوا میں بیگم کے دماغ کی اصلاح اس حد تک ہو جائے گی کہ وہی تاش جس کا نام سن کر وہ آگ بگولہ ہو جاتی ہیں۔ جب ہم کھیلنا چاہیں گے تو بیگم نہایت خندہ پیشانی کے ساتھ کہیں گی۔

"آپ نے تو تاش کھیلنا ہی چھوڑ دیا ہے۔ میں تو خود غور کر رہی تھی کہ آخر آپ کو تاش کی طرف کیوں کر متوجہ کیا جائے۔"

اور جب ہم تاش کھیل چکیں گے تو وہ پھر گلاب کی طرح شگفتہ ہو کر کہیں گی کہ "ایک بازی اور کھیل لیجیے میری خاطر سے سہی، دیکھئے آپ کو میری ہی قسم ہے۔" رہ گئی شطرنج یعنی وہ منحوس کھیل جس کو کھیلنے کے معنی بیگم کے نزدیک یہ ہیں کہ گھر سے برکت کا ہمیشہ کے لیے خاتمہ کر دیا جائے، رحمت کے فرشتہ اس منحوس گھر کا راستہ بھول

جائیں اور تھوڑے ہی دنوں میں وہ گھر جس میں شطرنج کھیلی گئی ہو۔ اس طرح تباہ و برباد ہو جائے کہ بہار کے زلزلہ کی تمام تباہیاں عبرت سے اس گھر کا منہ دیکھیں۔ مگر اسی شطرنج کے لیے بیگم نہایت ہی اہتمام کریں گی۔ ہاتھی دانت کے مہرے بنوائیں گی، سنگ مرمر کی میز پر اس کی گنگا جمنی بساط ہو گی اور مہروں میں یہ خوبی ہو گی کہ ہر مہرہ اپنا نام خود سمجھے گا اور زبان سے نام لیتے ہی اپنی چال چلا کرے گا۔ بیگم ہم سے شطرنج کھیلنے کے تقاضے کیا کریں گی اور ہم بیگم سے آنکھ بچا کر ان کو میکے بھیج کر یا چھپ چھپ کر دوستوں کے یہاں شطرنج نہ کھیلیں گے بلکہ بیگم کے زیر اہتمام خود ان ہی کے ساتھ دن رات شطرنج ہوا کرے گی۔

گھومنے کے سلسلہ میں حال یہ ہے کہ بیگم چاہتی ہیں کہ ہم دفتر جانے سے پہلے اور دفتر سے واپسی پر بس ان ہی خدمت میں حاضر رہا کریں۔ وہ ڈلی کاٹتی جائیں اور اپنے پر ائے آئے گئے محلہ پڑوس والوں کے واقعات اور حالات کے سلسلہ میں بیکار دماغ چاٹیں اور ہم اپنے دماغ کو اس طرح بے عذر ان کے سامنے رہنے دیں گویا دماغ کیا ہے "ماحضر" ہے اور یہ سمجھ کو چپ رہیں کہ؛

روزئی خود میخور دبر خوان تو

مختصر یہ کہ نہ کہیں سیر کو جائیں نہ گھر کے باہر قدم نکالیں۔ لیکن ہماری جنت میں ہم ہوں گے اور سیر سپاٹا۔ جہاں چاہیں گے، جائیں گے اور جب تک جی چاہے گا، گھومیں گے بلکہ اگر خود ہم نہ جائیں گے تو بیگم ہم کو گھومنے کے لیے بھیجا کریں گی کہ "جایئے ذرا تفریح ہو جائے گی، تازہ ہوا جسم کو لگے گی دماغ تازہ ہو جائے گا۔ اگر آپ تھک گئے ہوں تو سواری منگا دوں اس پر چلے جایئے۔ مگر جایئے ضرور۔" گویا اب تو ہم باندھ باندھ کر رکھے جاتے ہیں۔ اور اپنی جنت میں گھیر گھیر کر گھومنے پھرنے بھیجے جائیں گے۔ ذرا ہماری

جنت کا تصور تو کیجیے کہ کس قدر دلچسپ اور کیسی آزادی کی فضاؤں سے معمور جگہ ہو گی۔ یہاں تو یہ حال ہے کہ اگر کسی دن کسی حادثہ یا سانحہ کے سلسلہ میں یا کسی عمدہ فلم یا کسی جلسہ کے چکر میں چراغ جلنے کے بعد گھر آنا پڑا تو بس یہ سمجھ لیجیے کہ قیامت کا سامنا ہے۔ پھر لاکھ لاکھ سمجھائیے، خوشامد کیجیے، منت سماجت سے کام لیجیے مگر یہ تو گویا طے ہی ہے کہ بدمعاشی کے خطاب سے نہیں بچ سکتے۔ اور محض یہ اتفاق تاخیر ایسا سنگین جرم بن جاتی ہے جو قابل دست اندازی ہی نہیں بلکہ مچلکہ اور ضمانت سے بھی کچھ آگے ہی سمجھی جاتی ہے اور تھوڑی دیر کی تفریح جب تک ایک مستقل عذاب میں مبتلا نہیں کر لیتی، اس وقت تک گویا ہم کو اطمینان نصیب نہیں ہوتا۔ مگر ہماری جنت میں یہ نامعقول پابندیاں اپنے منحوس قدم بھی نہیں رکھ سکتیں۔ وہاں تو اگر ہر روز عید ہو گی تو ہر شب کو شب برات بننے کا حق بھی حاصل ہو گا۔ راتوں کی جوان تاریکیوں میں ہم اپنے جنتی احباب کو ٹہلایا کریں گے۔ وقت کا دھڑکہ ہمارے لطف کو کرکرا نہ کرے گا۔ بلکہ ہم آزاد ہوں گے کہ جب چاہیں گھر جائیں۔ چھ بجے شام کے بجائے سات بج جانا کیا معنی، ہم تو بارہ اور ایک بجے رات کو بھی اگر گھر آئیں گے تو بیگم کو اپنے استقبال کے لیے خوش آمدید لکھی ہوئی شائباف پائیں گے اور وہ مسکرا مسکرا یہی کہیں گی کہ

"خدا کا شکر ہے کہ آج میرے سر تاج کا اتنا وقت دلچسپیوں میں گذرا اللہ اس سے زیادہ آپ کو بے فکریاں اپنے خزانۂ غیب سے عطا کرے۔"

بیگم کے اس خلوص اور خیر مقدم سے ہمارا وہ تمام خون رگوں میں گردش کر جائے گا جو آج کل رات گئے آنے کے جرم میں ڈر کے مارے خشک ہو جاتا ہے۔ پھر ہم اپنی جنگ میں اپنی گلاب سے زیادہ شگفتہ بیگم کو جو آج کل پھانسی کا حکم سنانے والے سیشن جج سے زیادہ خشک نظر آتی ہیں اپنی دلچسپیوں کی تفصیل سنائیں گے کہ یوں احباب میں لطف

رہا۔ اور یوں ہاہاہو ہو میں وقت کٹا اور بیگم جو اس دنیا میں احباب کا نام سن کر مشین گن کی صورت میں مشتعل ہو جاتی ہیں اور جن کی بد دعاؤں سے ہمارے سیکڑوں دوست فائدہ اٹھا کر؛

بہت آگے گئے باقی جو ہیں تیار بیٹھے ہیں

کا سلسلہ بنے ہوئے ہیں وہی بیگم ہمارے ایک ایک دوست کا نام لے لے کر اس کے اور اس کے بال بچوں کو دعائیں دیں گی کہ "یا اللہ اس شخص نے جیسا میرے شوہر کو آج خوش رکھا ہے تو بھی اس کو ایسا ہی خوش رکھنا اور اس کی اس نیکی کا بدلہ تو اس کے بال بچوں کو دینا۔"

پھر ہم ان سے اپنی ان تمام دلچسپیوں کا ذکر کریں گے جن کو اس دنیا میں وہ غیر شریفانہ باتیں، شہدہ پن، آوارہ گرد وغیرہ کہا کرتی ہیں مگر ہماری جنت میں ان ہی تمام باتوں کو وہ ہماری شرافت، ہماری نیکی اور ہماری نیک چلنی کی علامتیں سمجھیں گی۔ خدا کی پناہ اگر آج کل ہم گھر جا کر یہ کہنے کے بجائے کہ "ہم وعظ سن رہے تھے۔" کہیں یہ کہہ دیں کہ "آج سینما میں ایک مشہور گانے والی کا گانا سن کر آ رہے ہیں۔" تو یقین جانئے کہ ایسی خبر لی جائے کہ پھر خود بھی سرگم الاپنا پڑے۔ مگر یہی بیگم جنت میں ایسی جنتی ہو جائیں گی کہ ہم خود ہی ان سے کہیں گے کہ "آج ایک حور نے ایسا لاجواب گانا سنایا کہ واہ واہ! سچ تو یہ ہے کہ جیسی وہ حسین تھی ویسی ہی حسین آواز بھی پائی ہے۔"

بیگم مسکرا کر کہیں گی، "اللہ اس حور کا بھلا کرے جو میرے شوہر کو اس قدر پسند آئی۔"

کیوں صاحب ہم پوچھتے ہیں کہ ہم کو تو خیر چھوڑیئے ہمارے حال پر۔ مگر ہمارے علاوہ بھی ہے کوئی اپنی بیوی کا شوہر جو اس دنیا میں کسی حسین سے حسین عورت کو اپنی

بدصورت سے بدصورت بیوی کے سامنے حسین کہہ کر بیوی کے قہر وغضب سے بچ جائے۔ اور ہے کوئی ایسی بیوی اس دنیا کے پردہ پر کسی شوہر کی زوجیت میں جو اپنے شوہر کی پسندیدہ عورت کو اس طرح بیساختہ دعائیں دے۔ مگر یہ صرف ہم ہوں گے اور جنت میں ہماری جنتی بیگم جن سے اس قدر خوشگوار تعلقات ہوں گے۔ وہ خوشگوار تعلقات جن کے بغیر یہ دنیا جہنم کا نمونہ بنی ہوئی ہے۔ ذرا غور کیجیے کہ جب ہم اپنی بیگم سے کہیں گے کہ "بیگم وہ حور ایسی تھی کہ تمہاری ایسی سیکڑوں بیویاں اس پر قربان کر دی جائیں۔" تو بیگم بجائے جلنے کے نہایت اشتیاق کے ساتھ کہیں گی کہ "میرے سرتاج آپ کے انتخاب پر قربان ہو جانا میرا اور آپ کی سیکڑوں بی بیوں کا فرض ہے۔" بیگم کے الفاظ پر ہم جھوم جائیں گے اور آخر ان سے کہہ دینا پڑے گا کہ "اے وفا کی دیوی جنت کی تمام حوریں تجھ پر قربان۔" بیگم کی آنکھوں میں مسرت کے آنسوں ہوں گے اور ہمارے دل میں بیگم کی دہشت نہیں بلکہ طوفانی محبت۔ یہ ہو گی ہم غرباں مؤشوہر کی جنت۔

***

سسرال

گیدڑ کی جب موت آتی ہے وہ شہر کی طرف بھاگتا ہے۔ شہری کی جب شامت آتی ہے تو وہ دیہات میں شادی کر لیتا ہے۔ یہ شامت ہمارے بھاگ میں بھی تھی۔ خیر یوں تو ہم بھی کون سے کلکتہ، بمبئی کے رہنے والے ہیں۔ مگر پھر بھی شہر میں رہے سہے۔ شہر میں پڑھے، لیچے ہو گئے شہری اور لگے دیہات سے گھبرانے۔ مگر بڑے بول کا سر تو نیچا ہو کر ہی رہتا ہے۔ آخر پھر اسی دیہات میں بیوی کی بھیگ مانگتے ہوئے پہنچے اور بہت کچھ دوڑ دھوپ کے بعد موضع بھدیسل کے زمیندار صاحب نے ہم کو اپنی غلامی میں لے لیا۔

ہمارے یہ سسر صاحب بڑی آن بان کے زمیندار ہیں اور انسان تو ایسے ہیں کہ اگر شہر میں آجائیں تو لوگ ان کو دور دور سے دیکھنے آئیں۔ ایک ہے ان کے پاس لٹھ جو ہم سے کچھ ہی پتلا ہو گا۔ دوڑھائی سیر تو لوہا اس میں جڑا ہوا ہے اور کوئی آدھ سیر کے قریب چاندی۔ ہم نے ایک مرتبہ اگر اس لٹھ کو مگدر کے طور پر اٹھایا تو ہمارا خیال یہ ہے کہ اگر لٹھ کو ہم روز سویرے دو ایک مرتبہ اٹھالیا کریں تو اس سے سینہ بھی بڑھے گا اور بازو کے پٹھے بھی چوڑے چکلے پہلوانوں جیسے ہو جائیں گے۔ دوسری چیز ہے ہمارے سسر صاحب کا جوتا جو دور سے تو ہوائی جہاز معلوم ہوتا ہے۔ قریب جایئے تو فرنیچر کے قسم کی کوئی چیز دکھائی دیتی ہے اور جب بالکل پاس پہنچ کر دیکھئے تو معلوم ہوتا ہے کہ اس گاؤں بھر کے لوگوں نے الگ الگ جوتے بنوانے کے بجائے ایک ہی جوتا بنوالیا ہے اور سب اس کو ایک

ساتھ پہنچتے ہوں گے۔ اگر یہ جوتا ہم کو مل جائے تو ہم اس سے سوٹ کیس کا کام نکالیں۔ ان دونوں چیزوں سے یہ اندازہ تو ضرور ہو سکتا ہے کہ ہمارے سسر صاحب کوئی معمولی آدمی نہیں ہیں۔ ہمارے ایسے لوگ تو بھنگے ہیں ان کے سامنے۔ اللہ ہماری نظر بد سے بچائے دیو کے دیو ہیں۔ منہ میں بالٹی لگا کر کھڑے کھڑے پانچ چھ سیر دودھ پی جاتے ہیں۔ ایک مرتبہ بیمار ہو گئے تھے تو شہر کے کسی ڈاکٹر نے کہہ دیا تھا کہ آپ گن کر روٹیاں کھایا کیجیے، تو وہ بے چارے گن کر پچیس تیس روٹیاں کھا جاتے تھے۔ ان کو کھانا کھاتے ہوئے دیکھنا ہر ایک کا کام نہیں ہے۔ پہلی مرتبہ تو ان کا کھانا کھاتے ہوئے دیکھ کر ہم ایسا سمجھے تھے کہ یہ طے کر لیا تھا کہ ادھر کی دنیا اُدھر ہو جائے مگر ان کی لڑکی سے ہم قیامت تک شادی نہیں کریں گے۔ نہ جانے یہ کس دن ہم کو اٹھا کر منہ میں رکھ لیں مگر اب عادت پڑ گئی ہے دیکھتے دیکھتے۔

یہ تو سب کچھ ہے مگر سسر صاحب اگر دنیا میں کسی کی بات مانتے ہیں تو وہ ہماری سکے ہیں کہ شہر کا پڑھا لکھا لڑکا ہے۔ مڈل سے بھی آگے تک پاس ہے اس کی بات نہ مانیں گے تو کیا تکونو کی بات مانیں گے جس نے شہر میں جا کر کھیتوں کا مقدمہ ہی نہ جانے کیا الٹی سیدھی بات کر کے ہرا دیا۔

خیر اب سسر صاحب کی ایک ایک بات کہاں تک بیان کی جائے، اس کے لیے تو ایک الگ کتاب لکھنے کا خود ان ہی سے وعدہ کر چکے ہیں۔ مگر اس وقت ان کی چھوٹی لڑکی کے بیاہ کا حال سن لیجیے کہ وہاں کا کیا حال تھا اور ہم پر کیا گذر رہی تھی۔ ہم کو بہت دن پہلے سے موضع بھدیسل بلایا گیا تھا اور ایک ایک بات ہم سے پوچھ کر کی جا رہی تھی۔ اصل میں یہ شادی بھی خود ہم ہی نے ٹھہرائی تھی۔ ہمارے ایک دوست تھے اور ہم چاہتے تھے کہ شہر میں ہماری طرح کا ایک آدھ دیہاتی داماد اور بڑھے۔ ہمارے سسر صاحب کو تو بس

اتنا ہی اطمینان کافی تھا کہ یہ شادی ہم نے ٹھہرائی تھی مگر ہمارے دوست کی جان پر بنی ہوئی تھی کہ اگر اس کم بخت نے زندگی بھر کا مذاق کر دیا تو کیا ہوگا۔ رہ گئے ہم، تو ہمارا حال یہ تھا کہ ہم سسر صاحب کے اس اطمینان کا خون کرنا ہی نہیں چاہتے تھے اور اپنے دوست سے مذاق کرنے کی نیت بھی نہ تھی۔ البتہ یہ ڈر ضرور لگ رہا تھا کہ معلوم نہیں دیہات کی کس بات کو مذاق سمجھ بیٹھیں۔ اب ہماری سب سے پہلی کوشش یہی تھی کہ دلہن کو ہاتھ کا کتا اور ہاتھ کا بنا جو جہیز دیا جانے والا تھا وہ کسی طرح ٹل جائے تو اچھا ہے۔ اس لیے کہ خود ہماری بیوی کے جہیز میں جو کرسی آئی تھی اس کو ہم بہت دنوں تک گھڑونچی سمجھتے رہے اور جب پتہ چلا کہ یہ کرسی ہے تو گاؤں گئے تھے سسر صاحب سے پوچھنے کہ اس پر بیٹھنے کا طریقہ کیا ہے۔

مطلب یہ کہ انھیں تمام باتوں سے ہم اپنے دوست کو بچانا چاہتے تھے اور بچانے کی کوئی صورت نظر نہ آتی تھی۔ وہاں دھڑا دھڑ زیور پر زیور ڈھل رہے تھے۔ جن میں سے ایک بھی اس قابل نہ تھا کہ اس کو زیور سمجھ کر پہنا جا سکے۔ شہر میں ان چیزوں سے ورزش کی جاتی ہے۔ آخر ہم کو دخل دینا ہی پڑا اور ٹھیک اس موقع پر جب کہ ہمارے سسر صاحب ڈھائی تین سیر کی ایک جھانجھ لیے ہوئے اپنے نسیم سے کہہ رہے تھے کہ ہلکی رہی یہ، ہم سے ضبط نہ ہو سکا اور ہم نے سسر صاحب سے پوچھ ہی لیا، "بھائی ابا یہ کیا ہے؟" ہم ان کو بھائی ابا اس لیے کہتے تھے کہ ہماری بیوی ان کو یہی کہتی تھیں۔

ہمارے سوال پر جھانجھ ہماری طرف بڑھاتے ہوئے کہا، "جھانجھ ہے بھیا، پر میں یہ کہتا ہوں کہ یا تو چیز نہ دی جائے اور یا دی جائے تو ایسی کہ ناک نہ کٹے۔" ہم نے دبی زبان سے کہا، "ناک نہ کٹے، چاہے پیر ٹوٹ جائے۔" چونک کر بولے، "ہائیں! پیر کی کیا بات ہوئی!" ہم نے ان کو سمجھانے کے لیے آگے کھسک کر کہا، "بھائی ابا یہاں آپ لوگ زیور

کو تو دیکھتے ہیں اور اس بے چاری کو بھول جاتے ہیں، جس کو زیور پہننا ہے۔ اب آپ ہی بتائیے کہ یہ جھانجھ، یہ اس کے بعد کڑے، پھر چھڑے اور ایسی ایسی نہ جانے کیا کیا چیزیں پہننے کے بعد اس غریب کا پیر اٹھ سکے گا۔ پھر سب سے بڑی بات یہ ہے کہ جو چیز آپ دینا چاہتے ہیں وہ کم سے کم ایسی تو ہو کہ جو اس کے کام آسکے۔ شہر میں بیاہ کر جا رہی ہے۔

زیور ایسے ہیں کہ ان کو دیکھتے ہی شہر والوں کا بھی دم نکل جائے اور دولھا کو بھی دھڑکن ہونے لگے۔ جب سے میں آیا ہوں چپکے چپکے تمام انتظام دیکھ رہا ہوں اور دل ہی دل میں ہنس رہا ہوں کہ آخر آپ کا ارادہ کیا ہے۔ جہیز کا جو سامان آپ تیار کرانا چاہتے ہیں اس کے لیے کم سے کم ایک پوری ریل گاڑی کی ضرورت تو ہو گی جو اس لڑائی کے زمانے میں تو مل نہیں سکتی۔ اس کے علاوہ اس زمانے میں جو لڑائی کی وجہ سے لوگ اپنے کو ہلکا پھلکا رکھنا چاہتے ہیں آپ اپنی لڑکی اور داماد کے اوپر یہ بوجھ لاد رہے ہیں جس کو لے کے کہیں نہ آیا جا سکے۔ نہ جایا جا سکے۔ دیجیے تو ایسی چیز دیجیے کہ جس سے لڑکی بھی فائدہ اٹھا سکے داماد بھی خوش ہو اور دیکھنے والے بھی دیکھیں کہ عقل صرف شہر میں نہیں بٹی ہے دیہاتوں میں بھی پہنچی ہے۔" جھانجھ ایک طرف رکھ کر سر سے پیر تک سوالیہ نشان بن گئے اور گل مچھوں پر ہاتھ پھیر کر بولے، "تو بتاؤ نا بھائی آخر میں نے تو سب کچھ تو پر چھوڑ ہی رکھا ہے۔ اب میں شہر والوں کی سی انگریزی پڑھی عقل کہاں سے لاؤں ایسے میں سویرا ہے۔۔۔ اب بھی جو کہہ دو گے ہو جائے گا۔" ہم نے کہا، "پہلے یہ بتائیے کہ آپ کا ارادہ جہیز پر کتنا روپیہ صرف کرنے کا ہے؟" ایک دم سے ڈنکار کر منیم کو پکارا کہ بڑے بھیا کے بیاہ کا کھاتہ لاؤ اور ہم سے کہنے لگے "میرا خیال یہ ہے بلکہ جہاں تک یاد پڑتا ہے ساڑھے تین ہزار کا جہیز تمہاری بیوی کو دیا تھا بس اسی کے لگ بھگ سمجھ لو۔" ہم نے کہا، بس تو ٹھیک ہے آپ یہ تمام روپیہ جنگی قرضے میں دے کے اس کے سرٹیفکیٹ جہیز

میں دے دیجیے۔ سسر صاحب پر ایک دم بجلی سی گری، تڑپ کر بولے، "ہائیں! کیا کہا؟ ارے بھائی اُردو میں سمجھاؤنا۔"

ہم نے منھ پھیر کر مسکرانے کے بعد کہا، "مطلب یہ ہے یہ روپیہ تو دے دیجیے سرکار کو قرض اور اس کی پکی رسید لڑکی کے حوالے کر دیجیے۔ جب لڑائی ختم ہو جائے گی تو اسی روپیہ سے جو منافع کے ساتھ واپس ملے گا وہ اپنی مرضی کا جو چاہے گی بنوا لے گی۔" آج غالباً پہلی مرتبہ ان کو اس بات کا افسوس ہوا کہ ان کی بڑی لڑکی کی قسمت ایک پاگل کے ساتھ پھوڑی گئی ہے، کہنے لگے، "کیسی باتیں کرتے ہو بھیا، نہ جانے لڑائی کا اونٹ کس کل بیٹھے۔ کون جیتے کون ہارے پھر کس کو رسید دکھا کر روپیہ مانگتے پھریں گے۔"

ہم نے ان کو سمجھاتے ہوئے کہا، "دیکھئے اس کو یوں سمجھئے کہ اول تو ہمیں جیت رہے ہیں اور اسی طرح کی چھوٹی چھوٹی رقموں اور ذرا ذرا سی ہمدردیوں کے بل بوتہ پر جیت رہے ہیں اور فرض کر لیجیے کہ نہ بھی جیتیں تو کیا آپ یہ سمجھتے ہیں کہ یہ تمام سامان یہ تمام زیور اور یہ سب کچھ جو آپ جہیز میں دے رہے ہیں باقی بچ جائے گا، دشمن کے لوٹ مار اس کو باقی رہنے دے گی۔ بم کے گولے کسی چیز کو استعمال کے قابل رہنے دیں گے یا استعمال کرنے والوں کو صحیح سلامت چھوڑیں گے۔ اس وقت تو آپ کے اسی روپیہ سے دشمن کو پیچھے ہٹایا جاسکتا ہے اور اگر یہی روپیہ ہم گھروں میں دبا کر رکھ لیں تو وہ نہ تو ہمارے کام آئے گا اور نہ سرکار کے کام بلکہ دشمن لٹیرے اس کو یا تو لوٹ لیں گے یا تباہ کر کے رکھ دیں گے۔"

اتفاق کی بات تھی کہ یہ باتیں کچھ کچھ ان کی سمجھ میں آرہی تھیں، کہنے لگے، "بات تو کچھ جچتی ہوئی ہے۔ پر یہ تو سوچو گاؤں والے کیا کہیں گے، برادری کیا تھوکے گی، سب یہی کہیں گے نا کہ لونڈیا کو ایک کاغذ تھما دیا اور چلتا کیا۔" ہم نے کہا، "برادری میں سب

سے بڑے بزرگ آپ ہیں اور گاؤں کے سب سے بڑے زمیندار بھی آپ ہیں۔ اگر آپ ہی ایسی مثالیں قائم نہ کریں گے تو کون کرے گا۔" مٹھی میں اپنی داڑھی کو پکڑ کر بیٹھ گئے۔ تھوڑی دیر کے بعد فرمایا، "اچھا، تو میں کل جواب دوں گا ذرا تمہاری ساس واس سے بھی پوچھ لوں۔" ساس تک غنیمت تھا مگر یہ واس بڑی خطرناک چیز ہے۔ اس کا مطلب یہ تھا کہ گاؤں بھر کی بڑی بوڑھیوں کا مشورہ لیا جائے گا جو سب کی سب ہماری واس تھیں۔

مگر بڑے میاں کو ہم ایسا رام کر چکے تھے کہ دوسرے دن تک تمام ساسیں اور تمام واسیں لاکھ چیخیں چلائیں مگر ہم کو صبح ہی ساڑھے تین ہزار روپے مل گئے کہ شہر جا کے ان کو جمع کرو اور پکی رسید لا کے دکھاؤ۔

❊ ❊ ❊

ان کی سسرال

مرزا صاحب نے لاکھ بار کہا کہ ہمارا جانا ٹھیک نہیں۔ اول تو تمہارے حالات کچھ نہایت نامعقول واقع ہوئے ہیں۔ دوسرے ہماری زبان خود ہمارے اختیار میں نہیں ہے۔ بات کرنے کے بعد پتہ چلتا ہے کہ جو نہ کہنا تھا وہ کہہ گئے مگر مرزا نے ایک نہ سنی۔ دیرینہ مراسم کا واسطہ دیا۔ احباب نوازی کے خدا جانے کتنے تاریخی حوالے دے ڈالے کہ کس طرح دوستوں نے دوستوں کے پسینہ پر خون بہایا ہے۔ اور آخر میں آنکھوں میں آنسو بھر کر کچھ اس طرح التجا کی کہ ہم ان کے ساتھ ان کی ہونے والی سسرال جانے پر راضی ہو گئے مگر صرف راضی ہونے سے تو کام نہیں چلتا۔ ضرورت اس کی تھی کہ باقاعدہ ریہرسل کر لیں کہ وہاں جا کر ہم کو کیا کہنا پڑے گا اور کون کون سی باتیں ایسی ہیں جن کا ہر گز اظہار نہ کیا جائے۔ مرزا نے روانگی سے ایک روز قبل باقاعدہ ریہرسل کرایا کہ بس تم میری تعریفوں کے پل باندھ دینا کہ ایسا لڑکا قسمت والوں ہی کو ملتا ہے۔ پڑھا لکھا، سلیم الطبع، کماؤ۔ صاحب جائیداد، متعدد تو مکان ہیں جو کرایہ پر اٹھے ہوئے ہیں۔ دکانوں کا کرایہ الگ آتا ہے۔ خاندان ایسا کہ جس کی شرافت کی قسم کھائی جاتی ہے۔

عرض کیا، "اگر ان کو معلوم ہو گیا کہ آپ کے بزرگوں میں کچھ سزا یافتہ بھی گزرے ہیں تو؟"

مرزا نے اِدھر اُدھر دیکھ کر کہا، "اول تو ان کو پتہ ہی کیسے چل سکتا ہے اور اگر چل

بھی جائے تو تم نہایت آسانی سے کہہ سکتے ہو کہ وہ حضرت ذرا کانگریسی واقع ہوئے تھے، سیاسی مذاق تھا۔ لہٰذا نظر بند کر دیئے گئے تھے۔"

پوچھا، "اور پڑھا لکھا جو میں نے کہہ دیا اور وہ بیٹھ گئے امتحان لینے میں کس طرح بھانپ سکوں گا۔"

مرزا نے ڈانٹ دیا، "بکتے ہیں آپ۔ ارے میاں کون لیتا ہے امتحان۔ بس تم ذرا دھونس گانٹھ دینا، پھر کسی کی ہمت ہی نہیں ہو سکتی۔ سب سے زیادہ ان کو خاندانی شرافت کا خیال ہے۔"

ہم نے کہا، "اور اسی سلسلہ میں تم سب سے زیادہ گڑبڑ ہو۔ ارے بھئی تعلیم کا یہ حال ہے کہ گریجویٹ نہ سہی پھر بھی اردو مڈل تو پاس ہی ہو۔ جائداد نہ سہی مگر اکثر قیمتی چیزیں تمہارے پاس ہیں۔ ایک تو چاندی کا خلال ہی میں دیکھ چکا ہوں۔ ایک فونٹین پین بھی یاد پڑتا ہے مجھ کو، قمیض کے بٹن بھی خاصے رکھ رکھاؤ کے ہیں۔ مگر خاندان کا یہ حال ہے کہ کوئی کہتا ہے کہ میراثی ہو۔ اور خاں صاحب تو قسمیں کھا رہے تھے کہ یہ لوگ بندر والے ہیں۔"

مرزا نے الجھ کر کہا، "یہ سب غلط ہے۔ بیہودہ ہیں یہ لوگ۔ البتہ یہ ضرور ہے کہ والد صاحب کا انتقال کچھ ایسا رواروی میں ہوا کہ میں خود ان سے پوچھ نہ سکا کہ ہم لوگ دراصل ہیں کیا۔ مگر اب یہی تو تمہارا کمال ہے کہ وہاں سب کو ایسا شیشہ میں اتارو کہ بات بھی بن جائے اور ناک بھی اونچی رہے۔"

ہم نے کہا، "میاں، تم کو ناک اونچی کرنے کی فکر ہے اور میں یہ سوچ رہا ہوں کہ جانے سے پہلے کم سے کم اپنی ناک کا تو بیمہ کرا ہی لوں۔ ارے وہاں نہ جانے کیا افتاد پڑے۔"

کہنے لگے، "خیر یہ تو مذاق ہے۔ مگر میں چاہتا ہوں کہ پہلے سے ہم دونوں یہ طے کرلیں کہ وہاں کیا بیان دینا ہے۔ تاکہ ہم دونوں کے بیان میں کوئی فرق نہ ہو، مثلاً قوم کیا ہونا چاہیے میری۔"

عرض کیا، "نہ بہت اونچی نہ بہت نیچی۔ کچھ واجبی سی ہو۔ مرزا تو کہلاتے ہو بس مغل ٹھیک ہے۔"

کہنے لگے، "صرف اتنا کافی نہیں۔ میں بتاؤں۔ تم یہ کہنا کہ شاہانِ مغلیہ سے ان کا سلسلہ ملتا ہے۔"

ہم نے کہا، "معلوم ہوتا ہے بیحد پٹواؤ گے۔"

چاپلوسی کرتے ہوئے بولے، "کون مار سکتا ہے میرے بھائی کو۔"

ہم نے جلدی سے کہا، "بھائی تو خیر نہ کہو ورنہ میرا خاندان بھی گڑبڑ ہو کر رہ جائے گا۔ دوستی کا رشتہ کافی ہے! دوست یاں تھوڑے میں اور بھائی بہت۔"

کہنے لگے، "اگر مہر اور پاندان خرچ وغیرہ لکھوانے پر زور دیں تو انکار ہرگز نہ کرنا۔"

ہم نے کہا، "انکار تو نہیں کروں گا۔ مگر گواہی کے دستخط کی امید بھی نہ رکھنا۔" اب تو ذرا چکر میں آئے۔ پہلے کچھ غور فرماتے رہے، پھر کہنے لگے، "وہاں دیکھا جائے گا۔ ابھی تو کل جانا ہے، تم بھی غور کرو۔ میں بھی غور کرتا ہوں۔"

وہ حضرت تو یہ کہہ کر اپنے انتظامات میں لگ گئے اور ہم نے سنجیدگی کے ساتھ غور کرنا شروع کیا کہ اس موقع پر بھاگ جانا مناسب رہے گا یا صفائی سے کام لے کر جانے سے انکار کر دینا ہی اچھا ہے۔ اس لئے کہ یہ طے تھا کہ یہ حضرت وہاں طرح طرح کے جال پھیلائیں گے اور ممکن ہے کہ ان لوگوں کو پھانس بھی لیں۔ مگر خود بھی پھنسے بغیر نہیں رہ

سکتے اور ان حضرت کے ساتھ ہم خواہ مخواہ پھنس کر رہ جائیں گے۔ مگر سوال تو یہ تھا کہ مروّت بھی آخر کوئی چیز ہے۔ کس خوشامد سے وہ بار بار کہہ رہا ہے۔ جہاں تک ہو سکے گا اپنے کو بچانے کی کوشش کریں گے، پھر جو اللہ کو منظور ہے دیکھا جائے گا۔

دوسرے دن کچھ نہ پوچھئے مرزا صاحب کی بہار متعدد صابنوں سے گھنٹوں غسل فرمانے کے بعد جب بال بال موتی پر دیئے اپنی جامہ زیبی کے کمالات دکھاتے آپ باہر تشریف لائے تو پہلی نظر میں ہم کو بھی شریف ہی محسوس ہوئے۔ مگر رفتہ رفتہ شجر سے خامیاں اجاگر ہونے لگیں۔ مثلاً آپ نے سرمہ بھی لگایا تھا۔ ایک گال میں متعدد گلوریاں بھی ٹھونسی تھیں اور نہایت واہیات قسم کا تیز خوشبو والا دماغ پاش پاش کر دینے والا عطر بھی استعمال کیا تھا اور تو اور جب کورے لٹھے کا پاجامہ پہن کر جب آپ کھڑبڑ کرتے ہوئے چلتے تھے تو معلوم ہوتا تھا کہ کوئی مردہ اپنے کفن میں چہل قدمی کر رہا ہے۔ ہم نے مرزا صاحب کی یہ سج دھج دیکھی اور ابھی کچھ کہنے کا ارادہ ہی کیا تھا کہ وہ خود بول اُٹھے:

"کیوں بھئی ٹھیک ہے؟"

ہم نے کہا، "بس اب تو یہی دعا ہے کہ خدا کرے لڑکی والے نہایت ہی تھرڈ کلاس بد قومے ہوں۔"

حیرت سے بولے، "واہ یہ کیا کہہ رہے ہو۔ وہ لوگ بڑے خاندانی لوگ ہیں۔ لڑکی کا ایک چچا تو وکیل ہے۔"

ہم نے کہا، "بس اب تو اُستاد تم پر مقدمہ ضرور چلے گا۔"

کہنے لگے، "یعنی خواہ مخواہ بھئی۔ آخر کیا بات ہے؟"

ہم نے کہا، "وہ صورت دیکھتے ہی پہچان لیں گے کہ نہ یہ لڑکا پڑھا لکھا ہے نہ شریف خاندان ہے اور نہ صحبت یافتہ ہے۔ یہ آپ سے سرمہ لگانے کو کس نے کہا تھا۔ اور یہ

لوفروں کی طرح گلوریاں ٹھونسی گئی ہیں گال میں، یہ کس صحبت کا اثر ہے؟ پھر کور سے لٹھے کا پاجامہ۔"

کہنے لگے، "بھئی میں نے تو نئے کی وجہ سے پہن لیا تھا۔ ورنہ دھلا ہوا پاجامہ بھی موجود ہے، ابھی لو۔"

خدا خدا کر کے ان حضرت کو کسی نہ کسی حد تک آدمی بنا کر لے چلے اپنے ساتھ۔ راستہ بھر دل دھڑکتا رہا کہ خدا ہی آج عزّت آبرو کے ساتھ گھر لائے۔ کہ آپ نے دور ہی سے ایک مکان کی طرف اشارہ کرتے ہوئے کہا، "یہ ہے مکان۔" اور اب جو ہم نے اس مکان کی طرف دیکھا تو دل میں ایک مرتبہ پھر خیال آیا کہ مولانا ابھی سویرا ہے، تانگے سے پھاندو اور بھاگو سر پر پیر رکھ کر۔ مگر فرار ہونے کا ارادہ ابھی خام ہی تھا کہ تانگہ ٹھہر گیا اور ایک نہایت خوفناک بزرگ نے اتنے زور سے "السلام علیکم" مارا کہ ہم نے بلبلا کر کہا، "وعلیکم السلام۔"

چھ فٹ کے یہ بزرگ جن کے تمام سینہ پر داڑھی چھائی ہوئی تھی۔ آگے بڑھے اور مصافحہ کرنے کے بعد اپنے ساتھ ایک کمرے میں لے کر پہنچے۔ جہاں پہلے سے چند لوگ بیٹھے ہوئے تھے۔ ایک صاحب بٹیر سے کچھ بڑے اور تیتر سے چھوٹے چشمہ لگائے کھیسیں نکالے بیٹھے تھے۔ دوسرے صاحب یا تو بینڈ ماسٹر تھے ورنہ جادو کا تماشہ دکھاتے ہوں گے۔ مونچھوں پر وہی پروفیسر معشوق علی مسمریزم والے کا ساتاو اور گلے میں اس قسم کی بو۔ ایک صاحب جو سب سے زیادہ معتبر نظر آتے تھے، داڑھی کو دو حصوں میں تقسیم کئے داڑھی کے بیچوں بیچ کچھ عجیب ریڈ کلف بنے بیٹھے تھے۔ جو بزرگ ہم لوگوں کو اندر لائے تھے انہوں نے تعارف کی رسم ادا کی۔

"آپ ہیں حکیم مرزا صاحب عالم صاحب۔ آپ ہیں عمر دراز بیگ صاحب وکیل اور

آپ ہیں صوبیدار رونق علی صاحب۔ اور بھئی صوبیدار صاحب یہ ہیں وہ صاحبزادے اور یہ ان کے دوست۔"

ہم لوگوں کو بڑے پتاک سے بٹھا دیا گیا اور مرزا خلاف معمول نہایت مہذب بن کر بیٹھ گئے۔ کچھ شرمائے ہوئے، کچھ لجائے ہوئے۔ پہلے تو خاصدان کا دور چلا، پھر سگریٹ سے دھمکایا گیا اور آخر ہمارے رہنما، چھ فٹ کے مسلّم بزرگ نے کہا، "آپ لوگ ذرا تشریف رکھیں۔ میں ان صاحبزادے کو لئے جارہا ہوں اندر۔ بات یہ ہے کہ مستورات دیکھنا چاہتی ہیں۔ اور آپ جانتے ہیں کہ عمل داری مستورات ہی کی ہے۔"

لیجئے ہم تو باہر ہی رہ گئے اور مرزا صاحب روانہ کر دیئے گئے اندر۔ اُن کے جاتے ہی سب سے پہلے ان ہی آدھے تیتر آدھے بٹیر بزرگ نے نہایت مہین سی آواز میں پوچھا،

"کیا مشغلہ ہے ان صاحب زادے کا؟"

ہم نے نہ جانے کیا کہنا چاہا مگر کہا صرف یہ کہ "ارے صاحب مشغلہ ہی کیا ہوتا۔ جائیداد خدا کے فضل سے کافی ہے۔ مکانات، دکانیں۔ انہی کے انتظام میں مصروف رہتے ہیں۔"

بینڈ ماسٹر نما بزرگ بولے، "مگر میں نے سُنا تھا کہ سرکاری ملازم بھی ہیں۔"

اب بتائیے ہم کیا کہتے، مگر چپ رہنا اور بھی بُرا تھا۔ لٰہذا کچھ بولنے کی کوشش کی، "جی ہاں، وہ ملازمت تو بس یوں سمجھئے کہ یونہی بس دل بہلانے کے لیے کرلی ہے۔ ورنہ ان کے یہاں خود کیا کمی ہے کہ ملازمت کرتے پھریں۔" داڑھی کے تقسیم کنندہ محترم بولے، "کہاں ملازم ہیں؟"

کتنا معمولی سا سوال تھا مگر کیسا ٹیڑھا، خصوصاً ایسی حالت میں جبکہ کہیں ملازم ہی نہ تھے۔ مگر واہ رے ہماری حاضر جوابی، "جی یہیں لاہور میں۔"

بینڈ ماسٹر صاحب نے کہا، "میرا مطلب یہ ہے کہ کس محکمہ میں؟"

اب تو گویا صاف مارے گئے۔ محکمہ کی تفتیش نہایت خطرناک تھی۔ لہٰذا عرض کیا، "جی وہ دیکھئے بھلا سا نام ہے اس کا۔ دماغ میں ہے زبان پر نہیں آتا۔"

ان بزرگ نے مشکل آسان کر دی، "انکم ٹیکس سنا تھا میں نے۔"

ہم نے بڑی متانت سے کہا، "جی ہاں اور کیا ایک قسم کا انکم ٹیکس سمجھ لیجئے۔"

مگر وہ ٹھہرے وکیل، جرح شروع کر دی۔ "ایک قسم کا انکم ٹیکس سمجھ لوں؟ یہ کیا بات ہوئی، ارے بھئی انکم ٹیکس تو بس انکم ٹیکس ہی ہوتا ہے۔"

ہم نے اپنے اوپر جبر کرتے ہوئے کہا، "جی نہیں وہ کچھ انکم ٹیکس بھی ہے اور کچھ انکم ٹیکس نہیں بھی ہے۔ ابھی دیکھئے وہ آتے ہیں تو میں پوچھ کر بتاتا ہوں۔" آدھے تیتر آدھے بٹیر صاحب بولے، "سیلز ٹیکس کا محکمہ تو نہیں؟"

ہم نے آنکھیں گھما چرا کر کہا، "غالباً میرا خیال ہے کہ آپ قریب قریب ٹھیک سمجھ رہے ہیں۔"

داڑھی کے تقسیم کنندہ بزرگ نے مبحث بدلا، "صاحبزادے کی تعلیمی حالت کیا ہے؟"

ہم نے کہا، "کیا کہنا ہے صاحب! ماشاء اللہ پڑھے لکھے آدمی ہیں اپنے زمانے کے نہایت ہونہار طالب علم سمجھے جاتے تھے۔"

بینڈ ماسٹر صاحب بولے، "علی گڑھ میں بھی پڑھ چکے ہیں غالباً؟"

ہم نے بھی ترکی بہ ترکی کہا، "عرض تو کیا کہ علی گڑھ کے نہایت ہونہار طالب علم سمجھے جاتے تھے۔"

شکر ہے کہ وہ بزرگ محترم جو مرزا کو لے کر گئے تھے۔ مرزا کو چھوڑ کر آ گئے اور

ایک کرسی پر بیٹھتے ہوئے بولے، "صاحب اس زمانے میں ایسے شرمیلے لڑکے بہت کم دیکھنے میں آتے ہیں۔ کیا مجال ہے جو میرے کسی سوال کا جواب ٹھیک دیا ہو۔"

بینڈ نما بزرگ نے فرمایا، "بھائی صاحب یہ صاحبزادے کس محکمے میں ملازم ہیں؟"

وہ بزرگ بولے، "اکسائز کہتے ہیں۔"

اور ہم نے نعرہ بلند کیا، "جی ہاں اکسائز اکسائز، ٹھیک ہے اکسائز۔"

بینڈ ماسٹر صاحب نے ہنس کر کہا، "کہاں اکسائز، کہاں انکم ٹیکس، کہاں سیلز ٹیکس۔"

چھ فٹ کے بزرگ نے ہم سے کہا، "تو گویا خاندانی سلسلہ شاہانِ اودھ سے ملتا ہے۔"

ہم کو بتایا تھا شاہان مغلیہ سے سلسلہ ملانے کو اور خود ملا بیٹھے شاہانِ اودھ سے۔ اب بتایئے ہم کس سے ملاتے۔ ہم نے عرض کیا، "جی ہاں۔ دادھیال کی طرف سے سلسلہ ملتا ہے۔ شاہان اودھ سے اور نانہال کی طرف سے شاہان مغلیہ سے۔"

آدھے تیتر آدھے بٹیر صاحب نے کہا، "شجرہ تو مل سکے گا۔"

ہم نے جلدی سے کہا، "کیوں نہیں یقیناً شجرہ ہو گا ان کے پاس۔"

چھ فٹ کے بزرگ نے کہا، "بی اے کس سن میں کیا ہے؟ یہ تو برخوردار نے بتایا کہ گریجویٹ ہیں۔ مگر سن میں پوچھنا بھول گیا تھا۔"

ہم نے کہا، "سن تو مجھ کو بھی یاد نہیں۔"

انہی بزرگ نے کہا، "گورنمنٹ کالج سے ہی تو کیا ہے بی اے۔"

بینڈ ماسٹر صاحب بولے، "گورنمنٹ کالج علی گڑھ؟"

"جی ہاں دونوں۔ بات یہ ہے کہ علی گڑھ میں پڑھے اور امتحان گورنمنٹ کالج میں دیا۔"

چھ فٹ کے بزرگ نے کہا، "لڑکا مجھ کو بیحد پسند ہے۔ خصوصاً اس لیے کہ میری

لڑکی خود انٹر میڈیٹ تک پڑھی ہوئی ہے۔ مگر صاحبزادے کچھ اس قدر کم سخن اور شرمیلے واقع ہوئے ہیں کہ پڑھی لکھی لڑکیاں تو ایسے نوجوانوں کو انگلیوں پر نچا دیا کرتی ہیں۔ تو ان کے والد صاحب امروز و فردا میں آنے والے ہیں۔"

لیجئے معلوم ہوتا ہے کہ ان حضرت نے والد صاحب کا بھی وعدہ کر لیا ہے۔ حالانکہ وہ بیچارے نہایت رواروی میں بغیر اپنی قوم بتائے مر چکے تھے۔ اب معلوم نہیں والد کا انتظام کہاں سے کریں گے۔ بہر حال ہم نے کہا، "معلوم نہیں، مجھ کو تو کچھ ذکر آیا نہیں۔"

وہ بزرگ بولے، "جی نہیں، ابھی کہہ رہے تھے کہ والد صاحب آنے والے ہیں۔ جائیداد کے بٹوارے کے سلسلے میں، وہی لڑکی کے نام ایک آدھ مکان لکھ دیں گے۔"

خدا کا شکر ہے کہ نوکر نے چائے لا کر لگا دی۔ ورنہ خدا جانے اور کتنے جھوٹ بولنا پڑتے۔ چائے کے ساتھ ہی مرزا صاحب بھی اندر سے نہایت سرخرو واپس تشریف لائے اور چائے نوشی میں شریک ہوگئے۔ عین اسی وقت ان بینڈ ماسٹر نما بزرگ نے مرزا صاحب کو مخاطب کرتے ہوئے کہا،

"آپ نے سبجیکٹ کیا لئے تھے؟"

مرزا صاحب نے ایک بڑا سا کیک کا ٹکڑا منہ میں رکھ لیا تاکہ ان کے بجائے ہم جواب دیں۔ ہم نے کہا، "یہ تو آرٹس میں تھے۔"

اب ہم نے جلدی کرنا شروع کر دی اس لیے کہ سوالات کا رُخ خطرناک ہوتا جا رہا تھا۔ ہم نے کہا، "مرزا صاحب، اب ہم کو فوراً واپس بھی پہنچنا ہے۔ گھر پر میٹنگ ہے اور سب منتظر ہوں گے۔"

آدھے تیتر آدھے بٹیر صاحب نے کہا، "ایسی بھی کیا جلدی چلے جایئے گا۔ ہاں

برخوردار تم نے کس ڈویژن میں پاس کیا بی اے؟"

مرزا بول اٹھے، "فسٹ۔"

چھ فٹ کے بزرگ نے کہا، "ماشاء اللہ، اور کس سنہ میں؟"

مرزا نے جلدی سے کہا، "۱۹۴۵ء میں۔"

داڑھی کے تقسیم کنندہ نے کہا، "خوب تو گویا آپ ۱۹۴۵ء میں گورنمنٹ کالج میں تھے۔"

مرزا نے بغیر کسی ہچکچاہٹ کے کہا، "جی ہاں، بس امتحان دیا تھا۔"

ہم نے پھر کہا، "صاحب معاف کیجئے ذرا۔ وہ میٹنگ ان سے زیادہ میرے لئے ضروری ہے۔ لہٰذا کم سے کم مجھ کو اجازت ہی دیجئے۔"

مرزا نے کہا، "نہیں میں بھی اجازت لے کر جا رہا ہوں۔"

اور بمشکل تمام وہاں سے نکل سکے۔

راستہ بھر تو ہم کچھ نہ بولے۔ مگر آخر غصہ کے مارے یہ تو پوچھنا ہی تھا کہ والد آپ کے کیونکر زندہ ہو گئے؟ عرض کیا۔

"بھئی اور تو جو کچھ ہوا وہ ہوا۔ مگر یہ آپ کے والد امروز وفردا میں کہاں سے آجائیں گے؟"

مرزا نے کہا، "بھئی خدا بڑا مسبب الاسباب ہے۔ بات یہ ہوئی کہ میرے ہونے والے خسر نے کہا کہ والد صاحب کیا باہر ہیں؟ میرے منہ سے نکل گیا "جی ہاں" بس جی ہاں کو پھر نبھانا پڑا۔ اب میرا خیال یہ ہے کہ عزیز مرزا کو والد بننے پر تیار کرلوں گا۔ مگر آج کا معاملہ رہا بڑا ٹھاٹھ دار یار۔ بڑے مرعوب ہوئے ہیں یہ لوگ۔"

ہم نے کہا، "دیکھو مرزا، آج کے بعد سے مجھ سے امید نہ رکھنا کہ میں پھر تمہارے

اس قصہ میں کسی حیثیت سے شرکت کروں گا۔ خدا کی قسم سخت چغد تھے یہ لوگ۔ ورنہ ہم دونوں میں سے کوئی صحیح سلامت واپس نہ آسکتا۔"

مرزا نے اطمینان دلایا کہ "یہ سب امتحان ہوئے جھگڑے ہیں اس کے بعد تو ہماری عزت ان کی عزت بن جائے گی اور پھر اگر جھوٹ کھل بھی گیا تو اس پر وہ خود پردہ ڈالیں گے۔"

وہ دن اور آج کا دن مرزا سے پھر ہم نے ملنا گوارہ نہیں کیا۔ سُنا ہے کہ "عزیزم مرزا ان کے والد بنے ہوئے ہیں اور آج ہی کل میں شادی کی تاریخ ٹھہرنے والی ہے۔ کیا دنیا واقعی اتنی ہی اندھی ہے؟"

***

سسرالی رشتہ دار

مصیبت یہ ہے کہ ریڈیو سیٹ سسرال میں بھی ہے اور وہاں کی ہر دیوار گوش دارد، مگر بزرگوں کا یہ مقولہ اس وقت رہ رہ کر اکسارہا ہے کہ بیٹا پھانسی کے تختہ پر بھی سچ بولنا، خواہ وہ پھانسی زندگی بھر کی کیوں نہ ہو، موضوع جس قدر نازک ہے اسی قدر اخلاقی جرأت چاہتا ہے۔ اور اس اخلاقی جرأت کا نتیجہ بھی معلوم، کہ سسرال کی آنکھوں کا تارا، خوش دامن صاحبہ کا راج دلارا اس تقریر کے بعد پھر شاید ہی سسرال میں منہ دکھانے کے قابل رہ جائے۔ ہر چند کہ حفظ ماتقدم کے طور پر آج سسرال والوں کو سنیما کے پاس لاکر بھی دے دیے ہیں۔ اور ریڈیو سیٹ کا ایک بلب بھی احتیاطاً جیب میں ڈال لائے۔ مگر یہ سب کچھ سسرال کے ایک گھر میں ہوا ہے اور گھر ٹھہرے وہاں درجنوں ظاہر ہے کہ کوئی نہ کوئی تو یہ تقریر سن ہی لے گا۔ اور پھر سسرال ٹرانسمیٹر سے نمک مرچ لگا کر یہ تقریر نشر ہوگی، بیوی کا منہ پھول جائے گا۔ ان کی والدہ کی سرد آہیں محلہ بھر کو فریجیڈیر بنا کر رکھ دیں گی، ان کی خالہ گردن ہلا ہلا کر اور آنکھیں مٹکا مٹکا کر فرمائیں گی کہ میں نہ کہتی تھی کہ داماد آستین کا سانپ ہوتا ہے۔ آخر کب تک نہ پھنکارتا۔ سارا کیا دھرا ملیامیٹ کر کے رکھ دیا کہ نہیں۔ مگر اب تو جو کچھ ہو سچ بولنا ہی پڑے گا۔ ان لوگوں کا وہاں ذکر نہیں جو سسرال میں مبتلا ہو چکے ہیں۔ بلکہ مخاطب وہ ہیں جن کو ابھی واصل بہ سسرال ہونا ہے کہ،

اے تازہ دار دانِ بساطِ ہوائے دل
زنہار اگر تمہیں ہوسِ عقد وقد ہے
دیکھو مجھے جو دیدۂ عبرت نگاہ ہو
مجھ سے وصول کرلو نصیحت جو عقد ہے

میں ایک داماد ہوں اور میں نے جلد بازی سے کام لے کر شادی کے معاملے میں صرف بیوی کے سلسلے میں تو ضروری تحقیقات کرلی تھی کہ کیا عمر ہے صحت کیسی ہے، صورت و شکل کا کیا عالم ہے، تعلیمی استعداد کیا ہے وغیرہ وغیرہ۔ مگر اب سر پر ہاتھ رکھ کر رونا پڑتا ہے کہ یہ کیوں پوچھا تھا کہ ان میں کتنی خالائیں۔ کتنی نانیاں۔ دادیاں۔ چچیاں۔ تائیاں۔ بہنیں۔ اور بھاوجیں ہیں۔ اور کتنے اسی قسم کے مرد رشتہ دار ہیں، اور ان رشتہ داروں کے کتنے ایسے رشتہ دار ہیں جن کو جبراً اپنا رشتہ دار سمجھنا پڑے گا۔ اور کتنے ایسے عزیز ہیں جن کو اخلاقاً عزیز ماننا پڑے گا۔ پھر ان کے بعد ان عزیزوں کی باری آتی ہے جن کو انتظاماً عزیز کہا جاتا ہے۔ پھر انتقاماً عزیز بن جانے والوں کی باری آتی ہے۔ اور آخر میں جغرافیائی رشتہ دار آتے ہیں، مثلاً خالہ، ہمسائی، اور چچا پڑوسی وغیرہ، اس کی تحقیقات نہ کرنے کا نتیجہ یہ ہوا کہ اب۔

دل غریب ادھر ہے ادھر زمانہ ہے

ایک سے ایک سسرالی رشتہ دار روز دیکھ لیجیے جو محبت چھڑکنے دھرا ہوا ہے۔ غریب خانے پر دفتر سے تھکے ہارے بھوکے پیاسے دماغ کا عرق نکلوائے ہوئے سکون کی تلاش میں گھر پہنچے ہیں، کہ دیکھتے کیا ہیں، میٹھے پانی کی بوتلیں بھقا بھق کھل رہی ہیں، مرغ ذبح ہو رہا ہے، خانساماں باورچی خانہ میں پتیلیوں سے ورزش کر رہا ہے۔ اور اندر سے ایسے قہقہوں کی آوازیں آرہی ہیں گویا کوئی بے چارہ آسیبی خلل میں مبتلا ہے۔ کسی ملازم سے

پوچھا کہ یہ گھر کس کے نام الاٹ ہو گیا۔ معلوم ہوا کہ بیگم صاحبہ کے کوئی پھوپھا معہ اہل و عیال تشریف لائے ہیں۔ جل تو جلال تو۔۔۔ صاحب کمال تو، آئی بلا کو ٹال تو۔ کا وظیفہ پڑھتے ہوئے جو گھر میں داخل ہوئے تو بیگم صاحبہ خوشی سے بدحواس دوڑی ہوئی تشریف لائیں۔ ارے آپ کو خبر بھی ہے کون آیا ہے۔ پھوپھا میاں۔ پھوپھی۔ نجو۔ جگنو۔ چھمی۔ لاڈو۔ رانی۔ آیئے نا آپ نے تو دیکھا بھی نہ ہو گا ان سب کو۔ بڑا انتظار کر رہے ہیں سب آپ کا۔ عرض کیا۔ کچھ بتایئے تو سہی یہ کون پھوپھا تصنیف کر لیے آج وہ جو پرسوں آئے تھے۔ وہ بھی تو پھوپھا تھے۔ احمق سمجھ کر مسکرائیں۔ ارے وہ تو ذرا دور کے پھوپھا تھے۔ یہ ان سے ذرا قریب کے پھوپھا ہیں۔

ابا جان کی رشتہ میں خالہ زاد بہن کی سگی نند ہیں۔ یہ تو ہماری شادی میں نہ آسکی تھیں۔ پھوپھا میاں بیچارے پر ایک جھوٹا مقدمہ چل گیا تھا ان دنوں، مطلب یہ ہے کہ اب آئے ہیں یہ لوگ، بڑی محبت کے لوگ ہیں آپ بہت خوش ہوں گے۔ چلیے میں چائے لگواتی ہوں سب کے ساتھ آپ بھی پی لیجیے۔

اب جو ہم ذرا ان کے قریب پھوپھا کے پاس پہنچے تو جی چاہا کہ ان سے مزاج پوچھنے کے بجائے گھی کا بھاؤ پوچھ لیں۔ چڑھی ہوئی داڑھی۔ بڑا سا پگڑ۔ خوفناک آنکھیں، پہاڑ کا پہاڑ انسان۔ ہماری شادی کے زمانے میں اس شخص پر جھوٹا نہیں بلکہ ڈکیتی کا سچا مقدمہ چل رہا ہو گا۔ آنکھیں چار ہوتے ہی ڈر کے مارے عرض کیا۔ السلام علیکم۔ وہ حضرت ایک دم سے وعلیکم السلام کا بم رسید کر کے حملہ آور ہو گئے اور اس زور سے مصافحہ فرمایا ہے کہ بھتیجی کا سہاگ ٹمٹما کر رہ گیا۔ ابھی ان حضرت سے زور کر ہی رہے تھے کہ ان کی اہلیہ محترمہ بلائیں لینے کو جو آگے بڑھی ہیں تو بیساختہ کلمہ شہادت زبان پر آگیا کہ اس سے بڑی سعادت اور کیا ہے کہ مرنے سے پہلے کلمہ پڑھ سکے آدمی۔ مگر یہ محترمہ یعنی۔ یکے از

خوشدامن دعائیں دیتی ہوئی ہٹ گئیں۔ اب جو نظر پڑتی ہے تو ان کے ایک صاحبزادے ہمارا ٹینس کا بلّا لئے ایک سڈول قسم کے پتھر سے کھیل رہے ہیں اور ہم پر وہ وقت پڑا ہے کہ ہم ان سے یہ بھی نہیں کہہ سکتے کہ یہ وہ بلا ہے جس سے ہم کو لان ٹینس چیمپئن شپ کے میچ کھیلنا ہیں۔ ٹینس کے اس بلے پر فاتحہ بھی پڑھنے نہ پائے تھے کہ ایک نہایت گھناؤنی سی صاحبزادی ایک اس ہاتھ میں اور ایک اس ہاتھ میں دو پیپر ویٹ لیے ہوئے نظر آئیں جو ظاہر ہے کہ لکھنے کی میز سے اٹھائے گئے ہوں گے۔ لپک کر لکھنے کی میز کی جو دیکھتے ہیں۔ تو وہاں روشنائی کا سیلاب آ چکا ہے۔ اور اکثر ضروری کاغذات روشنائی میں ڈوب کر خشک بھی ہو چکے تھے۔ ابھی رونے کا ارادہ ہی کر رہے تھے کہ ڈریسنگ ٹیبل پر زلزلہ سا آ گیا۔

چھوٹی بڑی شیشیاں آپس میں ٹکرانے لگیں اور ایک آدھ گر بھی گئی۔ دیکھتے کیا ہیں کہ ایک برخوردار اس کے نیچے سے برآمد ہو رہے ہیں۔ جی چاہا کہ سر پیٹ لیں، مگر بیگم نے باہر ہی سے آواز دی کہ چائے لگ گئی ہے۔ لہٰذا خون کے گھونٹ پیتے ہوئے چائے کی اس میز پر آ گئے جو مہاجرین کا کیمپ بنی ہوئی تھی۔ پھو صاحب چائے کی پیالی سے طشتری میں چائے انڈیل انڈیل کر شڑب شڑب کی آوازوں کے ساتھ چائے نوش فرما رہے تھے۔ ان کی اہلیہ محترمہ کیلا کھا چکنے کے بعد ایک ایک کیلا اپنی اولاد کو تقسیم فرما رہی تھیں۔ اور اولاد خشک میوے سے اپنی جیبیں بھر رہی تھی۔ ایک صاحبزادے نے اپنی بہن سے بادام چھیننے کی کوشش میں جو ہاتھ مارا ہے تو نئے سیٹ کی کیتلی ایک زمزمے کے ساتھ فرش پر گر کر چکنا چور ہو گئی تو ہم نے اپنے کو غشی سے بچاتے ہوئے عرض کیا کوئی مضائقہ نہیں۔ حالانکہ یہ سو فیصدی مضائقہ ہی مضائقہ تھا۔ پھوپھا صاحب نے اِدھر سے اور پھر پھوپی صاحبہ نے ادھر سے صاحبزادے کو دو ہاتھ رسید کر کے رہی سہی فضا کو اور بھی نغموں سے لبریز کر دیا۔ اور اب جو ان برخودار نے رونا شروع کیا ہے تو خودکشی کو جی

چاہنے لگا۔ خدا خدا کر کے یہ طوفان تھما تو پھوپھا صاحب نے تقریب تشریف آوری کچھ اس فصاحت سے بیان فرمایا ہے کہ ہاتھوں کے طوطے اڑ گئے۔ معلوم ہوا کہ مقدمہ چل جانے کی وجہ سے ملازمت جاتی رہی ہے۔ لہٰذا آپ ملازم ہونے تشریف لائے ہیں۔ اور جب تک خاکسار ان کے لیے ملازمت کا انتظام نہیں کرتا وہ ٹلنے والے نہیں ہیں۔ عمر پنشن لینے کے لگ بھگ، تعلیم ایسی کہ خواندہ کانسٹیبل بھرتی ہو کر ہیڈ کانسٹیبل کے عہدہ جلیلہ تک ترقی فرمائی تھی کہ اب یہ پکڑی جانے والی رشوت پکڑ لی گئی اور،

دھرے گئے دلِ خانہ خراب کے بدلے

وہ تو کہیے خوش نصیب تھے کہ قالین بانی سیکھنے جیل نہیں بھیجا گیا۔ صرف ملازمت ہی گئی۔ خیر یہ تو جو کچھ ہوا، وہ ہوا، سوال تو یہ تھا کہ آخر ہم اپنی کس جیب سے ملازمت نکال کر ان کے حوالے کرتے۔ کہ اے ہماری بیوی کے محترم پھوپھا یہ لے ملازمت۔ ہم کو خاموش دیکھ کر بولے۔ "برخوردار اس خاموشی سے کام نہ چلے گا۔ مجھے اچھی طرح معلوم ہے کہ تم کس قدر اثر اور رسوخ کے آدمی ہو۔ ذرا سا اشارہ کر دوگے تو اچھی سے اچھی ملازمتیں میرے لیے خود ہاتھ پھیلائیں گی۔ صاحبزادے حکام رسی بڑی چیز ہوتی ہے اور میں تو اس کو اپنے خاندان کے لیے نعمت غیر مترقبہ سمجھتا ہوں کہ تمہارا ایسا بارسوخ برخوردار ہمارے خاندان میں شامل ہو گیا ہے۔ تو میاں مطلب یہ ہے کہ میرے گھر کا خرچ ڈھائی سو روپیہ ماہوار سے کسی طرح کم نہیں ہے۔ میں یہ چاہتا ہوں کہ ملازمت ایسی ملے کہ بالائی آمدنی کی لعنت میں مبتلا ہونے کی ضرورت ہی نہ پیش آئے۔"

بیگم صاحبہ نے بڑی شگفتگی سے فرمایا۔ "پھوپھا میاں بس اب اطمینان رکھیے۔ آپ نے ان سے کہہ دیا ہے۔ بس اب یہ سمجھ لیجیے کہ نوکری مل گئی۔ ان کی کوشش ٹل نہیں سکتی۔ اور ہم کو گھور کر چپ رہنے کا اشارہ کر دیا۔ لہٰذا ہم کو کہنا ہی پڑا کہ انشاء اللہ کچھ نہ کچھ

ہو ہی جائے گا۔"

چائے کے بعد ہم نے اپنے کمرے میں آکر بیوی صاحبہ کو بلا کر سچ مچ رو دینے کے انداز سے کہا۔

"خدا کے لیے یہ تو بتاؤ کہ تم نے آخر میرا کیا انجام تجویز کر رکھا ہے۔ یہ تمام نقصانات یہ ابتری گھر کی۔ یہ ستیاناسی میرے کمرے کی۔ میرے قیمتی ریکٹ کی یہ بربادی وغیرہ تو ایک طرف میں ان سب نقصانات کو اپنی جان کا صدقہ سمجھ لیتا۔ مگر مجھ سے آخر ایسے وعدے کیوں کرا دیتی ہو۔ جو میرے امکان ہی میں نہ ہوں۔ بھلا غور تو کرو میں ان حضرت کو ڈھائی سو روپیہ ماہوار کی ملازمت کیسے دلوا سکتا ہوں۔" سرگوشی کے انداز میں بولیں آپ سچ مچ عقل کے دشمن ہیں۔ میں نے تو اپنے میکے میں آپ کا نام اونچا کرنے کے لیے مشہور کر رکھا ہے کہ آپ سب کچھ کر سکتے ہیں۔ بڑے بڑے افسر آپ کے نام کا کلمہ پڑھتے ہیں۔ آپ کو نہیں معلوم اس طرح عزت بڑھتی ہے آدمی کی۔ ایک آدھ دن کے بعد خوبصورتی سے ٹال دوں گی۔ عرض کیا، کاش یہ خوبصورتی آپ اب نہ آزمائیں تاکہ میرا قیمتی ریکٹ بچ جاتا۔ اتنے حسین چائے کے سٹ کی کیتلی نہ ٹوٹتی۔"

پھر رازداری سے بولیں "ارے آپ کو نہیں معلوم ہے۔ یہ پھوپھا بڑے ڈھنڈورچی ہیں۔ اگر یہاں سے ہم لوگوں کے حسنِ سلوک کے قائل ہو کر گئے تو سارے خاندان میں آپ کی تعریفیں کرتے پھریں گے۔ آج ان سب کو سینما ضرور دکھا دیجیے۔ کسی کا موٹر چپکے سے منگوا لیجیے گا۔ میں نے کہہ رکھا ہے کہ موٹر کارخانے گیا ہوا ہے۔" لیجیے یک نہ شد دو شد آپ نے یہ بھی مشہور کر رکھا ہے۔ کہ گھر کا موٹر بھی ہے۔ اب بتائیے کہ اس میں بیچارے سسرال والوں کا کیا قصور وہ تو اسی قسم کی موٹی تازی توقعات لے کر آتے ہی رہیں گے۔ اور بیگم صاحبہ کی یہ شیخی دیوالہ نکلواتی رہے گی۔ اسی طرح بات یہ ہے کہ اس

بات کا صحیح انداز تو مردم شماری کے کاغذات دیکھ کر ہو سکتا ہے کہ بیگم صاحبہ کی معرفت ہمارے سسرالی عزیزوں کے صحیح اعداد شمار کیا ہیں۔ مگر فی الحال تو یہ ہو رہا ہے کہ دفتر میں بیٹھے کہ چلمن اٹھائی اور کوئی نہ کوئی اجنبی بزرگ موجود۔ برخوردار تم مجھ کو نہیں جانتے مگر تم دراصل میری آنکھوں کے نور اور دل کے سرور ہو اور میں رشتہ میں تمہارا خسر ہوتا ہوں۔ وہ بچی جو تم سے منسوب ہے میری گودوں کی کھلائی ہوئی ہے اور بچپن ہی سے اس کی پیشانی پر وہ ستارا چمکتا ہوا دیکھ رہا تھا جس کو نیر اقبال کہتے ہیں۔ تو عزیز من دیکھنے کو بے حد جی چاہتا تھا۔

دوسرا کام یہ تھا کہ میرے بچے یعنی تمہارے برادرِ نسبتی کا چالان ہو گیا ہے۔ بلوے کے سلسلے میں غالباً صاحبزادے نے کسی کا سر پھوڑ دیا ہے۔ بہر حال تم میرا اتنا کام کر دو کہ اس چالان کے قصے سے نجات دلوا دو۔ کسی طرح اب وہ کام ہو سکتا ہو یا نہ ہو سکتا ہو مگر اس حماقت کی پاداش میں کرنا ہی پڑے گا کہ ان کے خاندان میں شادی کر بیٹھے ہیں۔ دفتر سے گھر پہنچے ہیں تو کوئی اور ہی رشتہ دار موجود ہے اپنی کسی ایسی ہی غرض کو لیے ہوئے۔ اور اگر کچھ نہ بھی سہی تو آج اس سسرالی عزیز کے کسی عزیز کی شادی ہے اور دلہن کے لیے تحفہ کی ضرورت ہے۔ آج اس سسرالی عزیز کے بندہ زادے کا عقیقہ ہے اس میں شرکت کی ضرورت ہے اور شرکت ٹیکس کی بھی۔ بیگم صاحبہ واقع ہوئی ہیں ایسی مرنجان مرنج کہ میکوں والوں سے تعلقات بھی زیادہ سے زیادہ استوار رکھنا چاہتی ہیں اور شوہر کو بھی کچھ ایسا رائی کا سا پہاڑ بنا کر اپنے میکے بھر میں مشہور کر رکھا ہے کہ ان کی تصنیف کی ہوئی پوزیشن کو سنبھالنا ایک مستقل عذاب بن کر رہ گیا ہے۔

یہ حال ہے کہ کسی پر مقدمہ چل جائے وہ دوڑا آ جائے گا اس خاکسار کے پاس۔ کسی کو کوئی سفارش پہنچوانا ہو گی منہ اٹھائے چلے آئیں گے غریب خانے پر۔ کسی سے کوئی جرم

سرزد ہوگا، پناہ لی جائے گی اس خاکسار کی آڑ میں۔ بیوی نے اس خاکسار شوہر کو تبرک بنا کر اپنے میکے میں بانٹ دینے کی ٹھان لی ہے۔ اور خوش ہیں کہ ماں کا سکہ جم رہا ہے۔ میرے عزیزوں میں۔ میاں ایسے حواس باختہ ہو چکے ہیں کہ ان سسرالی نوازشات کا اب سلسلہ بند ہوتا ہی نہیں۔ کوئی لاکھ محبت چھڑکتا، خلوص برساتا، مامتائیں لٹاتا ہوا آئے مگر یہ سنتے ہی خون خشک ہو جاتا ہے کہ یہ کوئی سسرالی عزیز ہے۔ وہ بے چارہ داماد پرسی کا احسان کرتا ہے اور داماد ایسے سسرال سے بیزار ہوتے جا رہے ہیں۔ وہ یہی کہتے ہیں کہ،

مجھ پہ احسان جو کرتے تو احسان ہوتا

***

منتخب یادگار انشائیوں کا ایک اور مجموعہ

آزادی کا شوق

مصنف : شوکت تھانوی

بین الاقوامی ایڈیشن جلد منظر عام پر آرہا ہے